Andrea Ballhause & Christian Voecks

Trotzdem vegan

„Veganismus" bei Duden Online[1]:

„Substantiv, maskulin – [ethisch motivierter] völliger Verzicht auf tierische Produkte bei der Ernährung u. a."

---

[1] Quelle: http://www.duden.de/rechtschreibung/Veganismus im November 2015

Inhalt

Trotzdem vegan 1

Inhalt 4

Vorwort und Konzept 7

Vorwort von Chris „Vegan Zombies" 10

Worum es in diesem Buch geht 11

Vegan = Verzicht und weniger Geschmack? 12

    Geiler Geschmack braucht kein Fleisch. *Björn Moschinski – bekannter Koch und Kochbuchautor* 14

    Fleischesser wissen ja gar nicht, was sie alles verpassen. *Lars Hoßmann – Entwickler von veganen Rohkost-Rezepten und Rohkost-Tortenkünstler* 24

Ist Veganismus eine Ideologie? 38

    Rechthaben-Wollen hinterlässt nur verbrannte Erde. *Mahi Klosterhalfen – Geschäftsführender Vorstand der „Albert Schweitzer Stiftung für unsere Mitwelt"* 40

    Jeder bringt sein Glaubenssystem mit an den Esstisch. *Dr. Melanie Joy – Psychologie- und Soziologie-Professorin und Autorin des Buches „Warum wir Hunde lieben, Schweine essen und Kühe anziehen"* ... 54

    Eine neugierige, positive Einstellung ist wichtig. *Sebastian Joy (ehem. Zösch), Geschäftsführer beim VEBU, dem Vegetarierbund Deutschland* 66

Brauchen starke Männer – und Frauen – Fleisch? 78

    Ohne Fleisch hat sich die Leistung deutlich verbessert. *Patrik Baboumian – international erfolgreicher Strongman-Sportler* 80

Erst als Veganer hatte ich diesen Bewegungsdrang und musste einfach laufen. *Mark Hofmann – veganer Ausdauersportler, Marathon-, Ultra-Marathon- und Ultra-Triathlon-Wettkämpfer* 90

Funktioniert Vegan unterwegs? 104

Wenn man einfaches Essen mag, ist vegane Ernährung auf Reisen kein Problem. *Angela Gossow – Managerin und langjährige Sängerin der weltweit tourenden Death-Metal-Band „Arch Enemy"* 106

Vegan im Rock'n'Roll-Bereich ist gar kein Problem mehr – je härter die Band, desto veganer. *Heino Nölke – Veranstaltungstechniker mit ständig wechselnden Einsatzorten* 120

Man muss nur mit den Leuten reden, dann bekommt man überall was Veganes. *Mille Petrozza – Sänger der international erfolgreichen Thrash-Metal-Band „Kreator"* 134

Vegan weltweit ist kein Problem, wenn man freundlich mit den Menschen spricht. *Justin P. Moore – Rucksackreisender, Künstler, Buchautor* 146

Ist Vegan teuer? 158

Gemüse kostet nicht plötzlich mehr, nur weil ich jetzt vegan bin. *Anna – Studentin mit kleinem Budget* 160

Fertigprodukte sind teuer, aber leckeres Essen geht auch mit wenig Geld. *Rose – Geringverdienerin* 170

Vielen lieben Dank! 182

Über die Autorin und den Autor 184

Links und Literaturtipps 185

Vermischtes – Links und Literatur rund um das Thema „vegan" 185

Links und Literatur zu den einzelnen Kapiteln 188

Vorwort und Konzept

„Militanter, spaßresistenter, mangelernährter Veganer"

Wir haben eine Umhängetasche, auf der das draufsteht. Augenzwinkernd. Ein Schwein ist daneben abgebildet, das sich lustvoll im Schlamm gewälzt hat. Aber kann man lustvoll vegan leben?

Das scheint für viele Menschen immer noch schwer vorstellbar zu sein, obwohl sich das Bild vom „Veganer" und dem „veganen Leben" in den letzten Jahren sehr gewandelt hat. „Vegan" ist derzeit in allen Medien und die Anzahl der vegan lebenden Menschen wächst.

Trotzdem geistern auch noch einige Vorbehalte herum:

- Vegan bedeutet beim Essen vor allem Verzicht und schmeckt nicht

- Für Kraft, Muskeln und gute Eisen-Werte braucht man Fleisch

- Vegan ist teuer

- Vegan funktioniert nur zu Hause, aber ausgehen kann man dann nicht mehr und auf Reisen klappt es auch nicht

- Veganismus ist total extrem und mit Veganern kann man nicht vernünftig reden

Was ist da dran?

Wir haben uns aufgemacht und Gespräche mit vegan lebenden Menschen geführt:

- mit einem erfolgreichen veganen Koch, der das Personal von Großküchen schult und mehrere Kochbücher geschrieben hat

- mit einer Psychologin, die hinterleuchtet, was wir als Ideologie ansehen und warum Veganismus nicht das einzige Glaubenssystem in Bezug auf unser Essen ist

- mit einem international erfolgreichen veganen Kraftsportler

- mit einer Geringverdienerin, die sich vegan ernährt und dafür nicht mehr ausgibt, als den Hartz-IV-Essens-Satz

und noch mit einigen anderen. Dreizehn Gespräche mit dreizehn ganz unterschiedlichen Menschen wurden es.

In den Interviews erzählen sie, wie ihre Erfahrungen mit diesen Vorbehalten sind, ob etwas dran ist und wenn ja was – oder ob alles ganz anders ist als gedacht. Auch von ihrer persönlichen Geschichte berichten sie: Wie sie selbst zum veganen Leben gekommen sind, was für sie das Beste und das Schwierigste daran ist und welche Botschaft sie den Menschen gerne vermitteln würden.

Das Buch zeigt den Alltag und die Gedankenwelt ganz unterschiedlicher Menschen. Es soll Fragen und Vorbehalte klären und neugierig darauf machen, was es denn mit diesen Veganern tatsächlich auf sich hat.

Ergänzt haben wir die Interviews noch durch einige Link- und Literaturtipps.

Viel Spaß beim Lesen!

Andrea + Christian, Ratingen im Dezember 2015

PS: Zu Vereinen oder Bands, die teilweise in den Kapiteleinführungen erwähnt werden, gibt es in den zugehörigen Interviews Fußnoten mit weiterführenden Infos.

PPS: Am Ende mancher Interviews kommt als letzte Frage „Gibt es noch irgendwas, was dir wichtig ist und nach dem ich nicht gefragt habe?" Bei anderen Interviews steht das nicht. Für alle, die sich darüber wundern: Wir haben diese Frage jedem und jeder unserer Interviewpartner und Interviewpartnerinnen gestellt. Aber wenn die Antwort „Nein" lautete, haben wir sie nicht in den Text aufgenommen.

PPPS: Wir haben bei der Übertragung der Interviews in die Schriftsprache die Charakteristik des gesprochenen Wortes und des individuellen Sprechstiles so weit möglich erhalten. Umgangssprachliche Ausdrücke und „…" bei Sprechpausen haben wir im Text belassen und so manches Mal (entgegen der Regel) vor Zitaten keinen Doppelpunkt gesetzt, wenn dieser den Eindruck des tatsächlich „ohne Punkt und Komma" durchgesprochenen Satzes verfälscht hätte.

Vorwort von Chris „Vegan Zombies"[2]

Menschen verspotten oftmals Dinge, von denen sie wenig oder nichts wissen. Warum? Weil es einfacher ist, sich über etwas lustig zu machen, als sich die Zeit zu nehmen, etwas darüber zu lernen. Meiner Erfahrung nach trifft das auch auf Veganismus zu. Während all der Jahre wurde ich wegen meines veganen Lebensstils verlacht und sogar verhöhnt. Aber das ist okay, sie wussten wenig oder nichts über das Thema oder wollten einfach nur einen Streit anzetteln. Viele Menschen sehen Veganer als schwache Hippies mit Protein-Mangel, die nur Salat essen. Sie glauben, dass sie – um vegan zu sein – alles aufgeben müssen, was gut schmeckt. Nun ja, ich bin hier um Ihnen zu sagen, dass das einfach nicht wahr ist. Es gibt buchstäblich endlose Kombinationen köstlicher veganer Rezepte, aus denen man wählen oder die man selbst kreieren kann. Es gibt keinen Protein-Mangel bei Früchten, Gemüse, Nüssen und Samen. Einige der heutigen Top-Athleten ziehen großen Gewinn aus veganer Ernährung. Ich selbst bin seit über zwei Jahrzehnten dem veganen Lebensstil treu und bin seither körperlich und geistig in der besten Verfassung meines Lebens. Ich glaube wirklich, dass es keines Nachdenkens bedarf, den Schritt in Richtung Veganismus zu gehen. Die Tiere, Ihre eigene Gesundheit und die Umwelt werden es Ihnen danken.

---

2 Durch den Verzehr tierischer Produkte wurde der Zombie-Virus übertragen. Alleine die Veganer sind noch übrig. Immer auf der Flucht verbarrikadiert sich der Koch in Küchen. Kurze Filme mit leckeren veganen Rezepten in lustiger Aufmachung (nur in Englisch) + Kochbücher (auch auf Deutsch), die in einer Zombie-Apokalypse spielen. http://theveganzombie.com/

Worum es in diesem Buch geht

– und worum nicht

Es geht nicht um einen umfassenden Rundumschlag. Es geht auch nicht darum, alle Leser und Leserinnen von der veganen Lebensweise zu überzeugen (obwohl wir uns darüber natürlich freuen würden). Unser Buch ist weder Ernährungsratgeber noch sonst ein Ratgeber. Auch haben wir absichtlich kein eigenes Kapitel zum Thema „Gesundheit" gemacht. Zu veganer Ernährung und Gesundheit gibt es zahlreiche sehr gute Bücher und auch im Internet finden sich viele Informationen.
In unsere Literatur- und Linkliste im Anhang haben wir aber natürlich trotzdem ein paar weiterführende Pfade gepackt.

Hierum geht es

Unser Buch beleuchtet einige gängige Fragen und Vorbehalte rund um veganes Leben. Wir zeigen die Welt der Veganer und Veganerinnen „von innen". Es sind die persönlichen Geschichten und Meinungen von Menschen, die es – wenn die Vorbehalte stimmten – so gar nicht geben dürfte. Sie erzählen sowohl von ihren eigenen Erfahrungen mit diesen Vorbehalten, als auch davon, warum sie selbst vegan geworden sind, welche Herausforderungen es auf dem Weg dahin gab und was für sie das Schwierigste und das Schönste am veganen Leben ist.

Vegan = Verzicht und weniger Geschmack?

„Als Veganer kann man kaum noch etwas essen, außerdem schmeckt es nicht – man muss verzichten. Deshalb sind auch alle Veganer so schlechtgelaunte Weltverbesserer."

Das war lange Zeit ein gängiges Vorurteil. In letzter Zeit hört man aber immer mehr über Veganismus. In den Medien tauchen Artikel über diese Lebensweise auf und in den Buchläden die entsprechenden Kochbücher. Trotzdem ist die Frage „Was isst Du denn dann noch?" bisher nicht ausgestorben. Viele Menschen können sich auch nicht vorstellen, auf den Geschmack von Fleisch oder Käse zu verzichten.

In den Regalen der Buchläden stehen inzwischen eine Vielzahl veganer Koch- und Backbücher. Von einfachen Gerichten, über Grill-Rezepte bis zu Menüs und Torten ist alles vorhanden. Aus eigener Erfahrung können wir sagen, dass es durchaus vegane Gerichte (vor allem vegane Würstchen und andere Fertigprodukte) gibt, die uns nicht schmecken. Aber es gibt auch (immer mehr) sehr leckere. Von Kategorie „Biotonne" über „geht so" bis hin zu „hmmm, mehr davon!" hatten wir schon alles in unserem Kühlschrank und auf unserem Tisch. Die Geschmäcker sind verschieden. Wie auch bei traditionellem Essen gibt es Dinge, die wir mögen und Dinge, die wir definitiv nicht essen wollen.

In der Regel finden wir unsere Vorlieben schon als Kinder heraus. Im Laufe des Erwachsenwerdens probieren wir immer wieder mal etwas aus. Wenn wir nun als Erwachsene unser Essen auf vegan umstellen, probieren wir auf einmal wieder sehr viel Neues aus. Wir müssen erst wieder herausfinden, was uns schmeckt und was nicht. Und der Geschmack verändert sich auch mit der Zeit – eine Erfahrung, die wir selbst gemacht haben und von der auch einige unserer Interviewpartner berichtet haben.

Natürlich können wir einige liebgewonnene Dinge nicht mehr essen. Uns ging es so, dass wir für viele davon adäquate vegane Alternativen gefunden haben – für ein paar aber nicht. Es gibt auch neue Dinge, die wir liebgewonnen haben und vorher nicht kannten. Der „Nachteil" des Veganers ist, dass er kennt worauf er verzichtet. Während der sogenannte „Mischköstler"[3] nichts vermisst, weil er meist nie herausfindet, welche veganen Köstlichkeiten ihm entgehen.

Aber was sagen denn nun die Leute, die von Berufs wegen tagtäglich mit veganem Essen zu tun haben und Speisen kreieren, die nicht nur Veganern das Wasser im Mund zusammenlaufen lassen sollen?

Wir haben mit **Björn Moschinski** gesprochen, einem veganen Koch, der Schulungen für Gemeinschaftsverpflegungen gibt, Kochbücher schreibt und Schirmherr des Ernährungsfonds beim Deutschen Kinderhilfswerk ist.

Außerdem haben wir **Lars Hoßmann** interviewt, der in einem veganen Café neue Rezepte kreiert und Rohkost-Torten zaubert, die sich optisch und geschmacklich mit jeder herkömmlichen Torte messen können.

---

3 „Mischköstler" ernähren sich sowohl von pflanzlichen als auch von tierischen Produkten. Ihre Ernährung umfasst daher sowohl Obst und Gemüse, als auch Fleisch (dazu zählen wir hier auch Fische, Muscheln etc.), Milchprodukte, Honig und Eier. Vegetarier, die ja auch tierische Produkte wie Milchprodukte, Honig und Eier essen, werden in der Regel nicht als „Mischköstler" bezeichnet.

Geiler Geschmack braucht kein Fleisch

(Foto von Björn Moschinski:
Copyright Andrea Ballhause)

Interview mit Björn Moschinski - veganem Koch, Autor mehrerer Kochbücher und Keynote-Speaker. Björn macht darüber hinaus Schulungen für Gemeinschaftsverpflegungen und - in Zusammenarbeit mit dem Deutschen Kinderhilfswerk - Kochkurse für Kinder. Seit September 2013 ist er Schirmherr des Ernährungsfonds beim Deutschen Kinderhilfswerk. Er lebt seit 1994 vegan.

Björn, ein weit verbreitetes Vorurteil oder eine Befürchtung ist ja, dass vegan gleichbedeutend sei mit Verzicht und eintönigem, geschmacklosem Essen. Du warst als erster veganer Koch 2009 im Magazin „Der Feinschmecker"[4]*. Auf welche Vorbehalte triffst du?*

Man hat immer bestimmte Diskussionen. Was sehr häufig vorkommt, ist dieser Spruch ‚Ihr wollt ja kein Fleisch essen und dann macht ihr so was wie ein Cordon Bleu?' Aber diese Fleischgelüste, die kommen eben nicht vom Fleisch. Diese Fleischgelüste kommen von der Zubereitung und von den Gewürzen. Wenn ich jetzt rohes Fleisch nehme, das isst keiner. An Hackfleisch kommen Zwiebeln, Salz und Pfeffer. Carpaccio ist hauchdünn geschnitten, damit du es überhaupt essen kannst. Wenn du das Filet nimmst und da rein beißt, das geht gar nicht. Oft höre ich auch: ‚Wieso haben Alternativprodukte Fleischnamen drauf, wieso gibt es zum Brunch Eiersalat und warum nennst du das so?' Ich würde zum Beispiel nie einen fleischlichen Begriff mit „v" schreiben. Ich benutze den Begriff „vegan" bei meinen Rezepten nicht plakativ. Mein primäres Ziel ist es eben nicht, nur Veganer zu erreichen, sondern auch Fleischesser und Vegetarier. Deswegen versuche ich, Alternativen zu schaffen,

---

4 „Der Feinschmecker", internationales Gourmet-Journal:
http://www.der-feinschmecker-shop.de/de/magazin

die dem Original sehr, sehr ähnlich sind, um so dem Fleischesser zu sagen ‚Schau her, du musst nicht verzichten, bloß weil du vegan lebst.' Zum Beispiel habe ich schon oft das Feedback gehört ‚Der Eiersalat, der war echt lecker' und dann sag' ich ‚Und das ganz ohne Ei!' ‚Stimmt... das hat man gar nicht gemerkt.' Die Leute sind zum einen auf einem guten Weg und interessieren sich dafür, und zum anderen schmeckt es ihnen. Ich sehe meine Arbeit als Koch als eine Fortführung der Tierrechtsarbeit, die ich schon seit 20 Jahren mache. Und wenn ich dann nur Veganer erreichen würde... da fehlt mir irgendwo die Herausforderung. Ich will vermitteln, was Veganismus bedeutet. Dass man seinen Gelüsten nachgehen kann, aber hinterher nicht diese Völlegefühle hat, sondern sich wohlfühlt. Und natürlich stehe ich auch für die Aspekte Tierschutz, Gesundheit und Nachhaltigkeit. Dadurch, dass ich rein pflanzlich arbeite, provoziere ich eben nicht diese Ressourcenverschwendung.[5]

Du machst ja auch schon seit langem Kochkurse. Nicht nur mit Kindern, was jetzt zur Schirmherrschaft über den Ernährungsfonds beim Deutschen Kinderhilfswerk geführt hat, sondern auch mit gestandenen Köchen in Großküchen. Was erstaunt die Leute dort am meisten?

Also einerseits sind sie erstaunt über mich: Dreadlocks, alternatives Auftreten, keine Kochausbildung – und viele haben gewisse Vorurteile gegenüber dem Veganismus. Aber ich war jetzt schon in über 30 Mensen, habe also mit über 30 Küchenteams gearbeitet, ich kenne die Probleme, kann darauf eingehen und den Leuten ihre Ängste nehmen. Und was ich immer höre ist ‚Mensch, das ist ja verdammt einfach und lecker'.

Kannst du etwas über die Ängste erzählen, auf die du dort triffst?

In Großküchen ist das sehr oft dieses ‚Mein Gott, jetzt müssen wir wieder was komplett Neues machen.' Von den Produkten her: Ja. Aber

---

5 Zur „Produktion" von 1 kg Rindfleisch werden ca. 7 kg Getreide, 36 kg Rauhfutter (d. h. Futter mit geringerem Nährwert, wie Heu, Stroh, Gras, Rüben, ...) und 15 000 Liter Wasser benötigt. Für die Erzeugung einer tierischen Kalorie werden 5 bis 30 pflanzliche Kalorien verbraucht – abhängig von den Haltungsbedingungen und der Tierart. (Quelle: http://www.agrarkoordination.de/fileadmin/dateiupload/PDF-Dateien/Futtermittelblues_Heft.pdf)

nicht vom Arbeitsablauf her. Man kann vegane Produkte anbraten, grillen, schmoren, man kann sie frittieren und kochen – eben alles, was man auch mit Fleisch machen würde. Man muss sich bloß mit den Produkten auseinandersetzen. Aber dafür mache ich ja die Schulungen. Die lustigsten Sachen sind eigentlich immer die Verkostungen. Ich koche zum Beispiel Frikassee, Gulasch oder etwas in der Richtung und dann rennen die Köche in der Küche rum, verteilen das an ihre Kollegen ‚Hier iss mal' und freuen sich dann, wenn diese nicht mitkriegen, dass es vegan ist.

Was sind denn – außer ‚vegan schmeckt nicht' – die häufigsten Fragen und Vorurteile denen du begegnest?
Ich denke ‚Mangelerscheinungen', ‚kraftlos' usw. Aber das interessiert mich schon gar nicht mehr, es ist immer das Gleiche, das geht zum einen Ohr rein und zum anderen Ohr raus. Ich sage gerne ‚Hey Leute, alleine dass ich existiere, entkräftet völlig eure Vorurteile'. Ich supplementiere nicht, das heißt, ich schlucke keine Nahrungsergänzungsmittel, und wenn es nach den Vorurteilen gehen würde, dann müsste ich komplett krank sein. Das ist ja das Schlimmste, dass die Leute uninformiert in so eine Diskussion reingehen und Unwahrheiten weitergeben, die sie in den Medien gehört haben. Ich habe schon sehr zeitig aufgehört zu diskutieren. Es ist kostbare Zeit und Leute, die anfangen zu diskutieren, sind meist von Ihrer Meinung überzeugt und nicht mehr aufnahmefähig. Die wollen einfach nur ihren Lebensstil rechtfertigen. Ich bin weder radikal, noch werfe ich den Leuten ihr Stückchen Fleisch vom Teller oder möchte diskutieren. Wenn es Fragen gibt, erkläre ich das Ganze aus meiner Sicht. Aber ich rechtfertige mich vor niemandem.

Du schluckst keine Nahrungsergänzungsmittel, auch kein Vitamin B12, von dem gesagt wird, dass man es aus pflanzlicher Nahrung nicht aufnehmen könnte?
Nein, bis jetzt war es nicht nötig.

Hast du dich zu Gesundheitsfragen mit Ärzten auseinandergesetzt?
Ja klar und ich bin froh, dass meine Ärztin selbst vegan lebt. Ich lasse jedes Jahr meine Werte checken und bis jetzt haben sie mich noch nie enttäuscht. Für mich ist es eine ganz logische Sache. Ich glaube nicht,

dass wir Fleisch für unsere natürliche Ernährung brauchen, denn wenn ich mir anschaue, was wir mit unseren natürlichen Werkzeugen, unseren Händen, Beinen und Zähnen erreichen können, dann ist das definitiv nicht das Töten und zerlegen von Tieren. Und ich kenne kein anderes Lebewesen, das für seine natürliche Nahrungsaufnahme Werkzeuge benötigen würde.

Noch mal zurück zum Thema Genuss. Beschreib doch mal dein perfektes Abendessen mit deinem Lieblingsgericht und allem drum und dran.

Das ist schwierig, weil es auch immer sehr an der Tagesform und dem Anlass hängt. Wenn man eine schöne Location und einen tollen Anlass hat, könnte einem, glaube ich, alles schmecken. Für mich ist das perfekte Essen zur Weihnachtszeit, wenn es kalt ist. Zuerst kommt eine richtig schöne, leicht scharfe, cremige Suppe. Da fallen einem natürlich viele Sachen ein, beispielsweise eine Hokkaidocremesuppe, wunderbar mit ein bisschen veganer Sahne abgerundet. Als Hauptgericht würde ich dann eine vegane Roulade machen, eine meiner Lieblingsspeisen. Geräucherten Tofu, schön angebraten, mit Tamari-Soße[6] zum Beispiel, das gibt einen wunderbaren Bacon-Geschmack. Dann die Zwiebeln hinzu und alles anschmoren. Dies wird mit Senf in die Roulade auf Soja-Basis gegeben, gerollt, gebraten und dann lange geschmort, mit einer schönen Jus[7], damit es zart ist und die richtige Konsistenz hat. Dazu Rotkraut, vielleicht mit einem säuerlichen Apfel verfeinert. Und dann gute Kartoffeln – natürlich aus regionalem Anbau, die vom Geschmack her wirklich nach Kartoffeln schmecken. So eine violette Ur-Kartoffel zum Beispiel, die hat auch ein richtig schönes Aussehen. Tja, und als Dessert kann dann wirklich, glaube ich, alles kommen. Es könnte zum Beispiel noch eine Mousse au Chocolat sein, schön cremig, mit Früchten oder einer Orange oder so, da gibt es viele Möglichkeiten.

---

6 Tamari: Eine Sojasoße, die traditionell durch einen Fermentationsprozess aus Sojabohnen (und teilweise etwas Weizen), Meersalz und Wasser hergestellt wird. Tamari ist dunkel und schmeckt sehr würzig.

7 Eine „Jus" (französisch „Saft, Brühe") ist eine Soße, die durch Anbraten und langes Einkochen des Bratgutes mit Brühe oder Wein entsteht.

Entbehrungsreich und freudlos klingt das nicht. Hat das vegane Leben für dich auch irgendwelche Nachteile?

Was heißt Nachteile? Teilweise ist es halt ein bisschen komplizierter, zum Beispiel wenn ich essen gehe. In einer fremden Stadt oder im Urlaub muss ich mich informieren. Aber ich sehe das nicht als Nachteil. Wenn man in Urlaub fährt, geht der erste Gang zur Küche, dann wird kurz mit dem Küchenchef geredet – und meistens stehen da eben wirklich engagierte Leute. Und das Schöne ist, dass man mit ihnen ins Gespräch kommt und sie mitkriegen: ‚Mensch, da ist jemand, der unsere Arbeit schätzt'. Wenn man mit den Leuten wirklich ganz normal umgeht und mit ihnen redet, dann bekommt man meistens ein viel geileres Essen ... und die neidischen Blicke von den Nachbarn. Oder im Flugzeug: „vegetarisch ohne Milch", das gibt's immer als Erstes. Super! Freut mich. Die anderen sitzen noch da, warten auf ihr Stückchen Fleisch und du hast einen Riesenteller voller leckerem Gemüse und kannst schon losspachteln. Es ist ein bisschen umständlicher, das zu machen, aber ich seh's nicht als Problem. Für mich überwiegen einfach diese positiven Aspekte, die die vegane Lebensweise bringt, um ein Vielfaches.

Bei Restaurants oder bewirteten Hütten habe ich dieselben Erfahrungen gemacht wie du. Aber wie machst du es beim Flugzeug, denn da hat man ja diesen persönlichen Kontakt vorher nicht, oder?

Doch, man kann vorher die Fluglinie anfragen. Das vegane Menü heißt bei manchen beispielsweise ‚vegetarisch ohne Milch'. Wenn man sich nicht sicher ist, kann man definitiv nachfragen. Aber es sollte eigentlich gar kein Problem sein, etwas zu bekommen. Interessanterweise haben auch Fluggesellschaften jetzt dieses Thema erkannt und wollen es für sich umsetzen. Was man den Leuten vermitteln kann, ist, dass veganes Essen einerseits einfach ist und keine Abstriche bedeutet und andererseits viele Arbeitsschritte sparen kann. Denn warum sollte man separat jüdisch kochen und für Moslems und, und, und – wenn man das alles in einem Abwasch machen kann. Das ist das Einfache daran. Das, was wirklich Spaß macht.

Jetzt habe ich nach den Nachteilen gefragt. Was sind für dich die Vorteile, was ist das Schönste daran, Veganer zu sein?

Hm... Darüber habe ich mir noch nie Gedanken gemacht... also ich denke mal, das ist der Kontakt mit Tieren. Wenn du jetzt eine Kuh siehst, wenn du diese so genannten Nutztiere siehst und genau weißt: ‚He, von mir geht keine Gefahr aus.' Und ansonsten ist es halt für mich komplett normal. Ich bin jetzt über die Hälfte meines Lebens vegan. Ich gehe nicht in den Supermarkt und überlege ‚Hm, was ist jetzt hier vegan?', sondern ich habe meine Produkte, kaufe die ein und von daher... ich mache mir eigentlich so gut wie nie bewusst, dass ich jetzt vegan lebe. Es ist einfach so. Ob ich damit gesünder lebe oder nicht... schau dir doch bitte beispielsweise mal die Umweltverschmutzung an: das ist bei den Pflanzen genauso wie bei den Tieren. Aber es geht mir eben auch nicht in erster Linie um die Gesundheit, sondern es geht mir um die ethisch-moralischen Sachen. Das ist das, was mir auch die Energie bringt.

Wie bist du dazu gekommen, vegan zu werden?

Durch die Zeitschrift „Bravo".

Erzähl mir mehr!

Naja, die Bravo hatte über Massentierhaltung und Tiertransporte berichtet und der Fotograf Karremann hatte damals ein Foto geschossen von einer Kuh, die frei an den Hufen hängend verladen wurde. Eine lebendige Kuh. Das waren alles so Aspekte, wo ich für mich entschied: ‚Puh, das geht nicht!'. Ich bin dann Vegetarier geworden und als Vegetarier fängt man an zu hinterfragen: Gut, ich möchte eigentlich keine Tiere töten, aber esse Käse, wo Lab drin ist, trage Lederschuhe, esse Gelatine, was auch aus Tierknochen ist, und, und, und. Und wenn man sich dann noch bewusst wird, dass Leder und Knochen eben keine Abfallprodukte sind, sondern dass sie in diesen Vermarktungsprozess wirklich einberechnet sind und gebraucht werden – dann ist es einfach nicht mehr legitim, Vegetarier zu sein. Dann sagt man sich irgendwann ‚Okay, Vegetarier ist nicht vegetarisch.' Denn das, was ich als Vegetarier konsumiere, ist definitiv vom Tier und dafür tötet man Tiere. Und selbst wenn das Tier nicht direkt getötet wird, so leidet es.

Wie bei der Milchkuh: einerseits durch die ständigen Befruchtungen, dann von den Ställen her, die Trennung von Mutter und Kind, und, und, und. Das geht nicht.

Gab es bei dir jemals in deiner veganen Anfangszeit Rückfälle?
Nein. Warum auch? Wenn ich die Fakten über Fleisch kenne, wenn ich die Bilder aus der Massentierhaltung sehe... das kann ich nicht auf einmal ignorieren. Das funktioniert nicht. Ich habe bisher noch keinen ethisch-moralisch begründeten Veganer, also keinen Tierrechtler gesehen, der irgendwie einen Rückschlag hatte. Wenn ich jetzt zum Beispiel nur den Geruch von Fleisch rieche, wenn ich beim Metzger vorbei gehe, dann spielen sich sofort Bilder im Kopf ab. Das gleiche mit Eiern. Wenn ich bedenke, das ist irgendetwas aus einer Henne... Man isst ja auch nichts, was in einer menschlichen Frau drin ist! Das ist das, was die Leute immer nicht verstehen, dass sich der Tierrechtler mit dem Tier auf die gleiche Stufe stellt. Klar, er will nicht, dass das Tier ein Wahlrecht hat, das ist richtig. Darum geht es ja nicht. Das Tier interessiert es nicht, was für Wahlen sind. Der Punkt ist aber, dass das Tier definitiv ein Recht hat auf Leben und Unversehrtheit. Das sprechen wir uns Menschen zu und der Tierrechtler spricht es auch dem Tier zu. Deswegen stellt er sich auf die gleiche Stufe. Und deswegen, auch wenn's der Fleischesser nicht versteht, sind für mich auch Vergleiche zum Menschen legitim. Es ist nun mal so: wir sind auch Tiere.

Björn, hast du noch einen Traum, was Du privat oder mit deiner Arbeit gerne noch erreichen möchtest?
Also ich sag' mal so: was ich bis jetzt erreicht habe, das hätte ich mir vor vier bis fünf Jahren nie träumen lassen. Da war Veganismus eine komplette Randnische. Du hattest eine kleine eingeschworene Gemeinde, ab und zu kam mal jemand dazu, den man so kennen gelernt hat. Es war sehr übersichtlich. Aber was sich jetzt in den letzten Jahren entwickelt hat... was will man mehr! Kochbücher möchte ich weiterhin schreiben. Ich versuche immer etwas Neues zu liefern, auch in dem Bereich feiner zu werden, mich weiter zu entwickeln. Ansonsten viele Träume, aber bevor nichts Handfestes da ist... ich will keine Pferde scheu machen. Auf jeden Fall habe ich noch genug Ideen. Aber ich will mich nicht übernehmen.

Natürlich versucht man viel zu machen, viel zu geben. Zum Beispiel auch auf dem Vegan Street Day[8]: Ich werde hier keine Gage nehmen. Warum sollte ich Geld abziehen von einer Sache, die mir einerseits gut tut und für die ich ja selber kämpfe? Dass sich das so entwickelt und dass so viele neue Leute kommen, das ist schon Lohn genug. Und diese Feedbacks die man bekommt, das gibt einfach Kraft, das macht einfach Mut, weiter zu machen. Das ist das Schöne daran.

Wenn dir alle Menschen auf der Welt für eine Minute zuhören würden, was würdest du ihnen sagen?

Oh, das ist schwierig. Eine Minute ist ganz schön begrenzt, das ist gar nicht so einfach. Ich glaube, ich würde versuchen, in dieser einen Minute, den Leuten ein bisschen ins Bewusstsein zu rücken, was ihr Konsum bewirkt – und das halt nicht nur gegenüber den nicht-menschlichen Lebewesen, sondern gegenüber allen Lebewesen… Aber ich glaube noch lieber würde ich versuchen, in der einen Minute schnell was zu kochen, um den Leuten zu zeigen, was vegane Küche bedeutet (lacht). Für mich ist ja immer mein Motto ‚Actions speak louder than words'.

Björn, jetzt habe ich alles gefragt, außer meiner letzten Frage: Gibt es noch irgendetwas, das du gerne erzählen würdest und nach dem ich nicht gefragt habe?

Also… was ich immer allen Leuten so ein bisschen ans Herz lege, gerade auch neuen Veganern, die eventuell noch missionieren: man muss versuchen, gesellschaftsfähig zu bleiben. Und für mich ist gesellschaftsfähig, dass man nicht wirklich ALLES hinterfragen sollte. Ich kann beispielsweise nicht in ein Restaurant gehen und den Kellner über alle Zutaten in Säften[9] fragen. Das macht man ein, zwei Mal dann ist man out. Gesellschaftsfähig bedeutet für mich, man soll den Veganismus für sich leben. Wenn Leute interessiert sind, dann kann man darüber reden. Aber man sollte nicht aktiv versuchen, sie sofort zu ändern, denn das erzeugt meistens

---

8 Das Interview fand auf dem Vegan Street Day in Dortmund statt, auf dem Björn eine öffentliche Kochshow veranstaltete. http://www.vegan-street-day.de

9 Säfte werden teilweise mit Gelatine oder Eiklar geklärt oder es wird Gelatine zugesetzt, zum Beispiel als Träger für Vitamine. Dies alles steht aber nicht auf der Zutatenliste. Man erfährt es nur durch Nachfrage beim Hersteller.

eine Abwehrhaltung. Wenn man es aber einfach vorlebt und zeigt, wie geil das ist, dann sind die Leute – aus meiner Erfahrung – so interessiert, dass sie kommen und fragen oder was kosten wollen. So viele Freunde von mir sind jetzt vegan geworden – was sie sich vorher nie vorstellen konnten – einfach nur, weil sie die Sachen kennen gelernt haben. Man muss den Leuten den ersten Schritt überlassen. Dann können sie auch sagen ‚Hey, das war MEINE Entscheidung'. Das ist schon ein ganz großer Schritt, wenn die Leute irgendwann verstehen: Mensch, vegan ist gar nicht so dieses Image, das man kennt, sondern es ist eine Option. Es ist eine Option, mal essen zu gehen, sich mal drei, vier, fünf, sechs Tage davon zu ernähren und halt vielleicht einmal Fleisch zu essen. Das ist natürlich ein Übel, aber es ist ein kleineres Übel als jeden Tag Fleisch. Ich bin immer pro vegan, immer! Ich würde mich natürlich freuen, wenn alle Leute vegan würden. Aber ich bin auch Realist und sage ‚Kleine Schritte führen oft leichter und nachhaltiger zum Ziel'. Wenn Leute kleine Schritte machen und mit einem veganen Tag oder mit einem veganen Gericht anfangen und einfach merken: ‚Mensch, es schmeckt', dann probieren sie das nächste aus und das nächste und das nächste. Dann kommt das von ganz alleine.

Björn, vielen lieben Dank für das Interview!

Fleischesser wissen ja gar nicht, was sie alles verpassen

(Foto von Lars Hoßmann:
Copyright Lars Hoßmann)

Lars ist Rohkostkünstler – seine Torten sehen wunderbar aus und schmecken auch so. Aber auch Herzhaftes hat er in seinem Repertoire. Lars arbeitet im veganen Café „Glücksküche" und bei „Happy-Cheeze"[10] in Cuxhaven. Seit 2007 lebt er selbst vegan, seit 2011 beschäftigt er sich mit Rohkost.

Lars, du entwickelst Rohkost-Rezepte, stehst in der Küche und zauberst alles von Brunch über Mittagessen bis zu mehrstöckigen Torten. Es gibt immer noch Skepsis, ob denn veganes Essen auch schmeckt. Rohvegan ist ja die verschärfte Variante. Bevor wir jetzt auf Geschmack, Vielfalt oder Einschränkung näher eingehen, kannst du kurz erzählen, was rohvegan bedeutet und woher das kommt?

Rohvegan bedeutet, dass alle Zutaten im ganzen Herstellungsprozess vom Ernten bis zum Essen niemals über 42 Grad erhitzt wurden. Wenn zum Beispiel ein Mensch 42 Grad Fieber hat, kann das tödlich wirken, weil sich das Eiweiß im Körper verändert[11]. So ist die Philosophie hinter Rohkost, dass sich in den Produkten, also beispielsweise im Gemüse oder auch in Nüssen, ab 42 Grad die Eiweißstruktur verändert und sie einfach nicht mehr so gesund sind. Dazu gibt es auch verschiedene Meinungen: dass es nicht über 38 Grad sein darf, oder nicht über

---

10 Happy-Cheeze bereitet auf Grundlage von fermentierten Cashewkernen vegane Käsealternativen zu. Ihre Produkte sind in Bio-Qualität, entstehen mithilfe von Bakterienkulturen und reifen teilweise mehrere Monate lang. In Cuxhaven hat Happy-Cheeze ein eigenes Ladengeschäft, die Glücksküche. Hier gibt es neben veganem Käse auch andere roh-vegane Köstlichkeiten. http://www.happy-cheeze.com/

11 Beispielsweise Enzyme gehören zu unseren körpereigenen Eiweißen. Sie regulieren viele Stoffwechselfunktionen. Auch viele Körperstrukturen enthalten Eiweiße. Über 42 Grad Celsius denaturieren diese Eiweiße, d. h. sie verändern ihre Struktur und verlieren dadurch ihre Funktion.

48 oder 58 Grad. Aber für mich klingt diese 42-Grad-Grenze am plausibelsten, weil ab dann auch das Fieber gefährlich ist. Rohvegan ist einfach die natürlichste Form zu essen.

Rohkost klingt so nach rohem Gemüse und Salat. Du machst aber auch Kuchen und kunstvolle, mehrstöckige Torten. Das können sich ja die meisten schon kaum ohne Milch, Eier und Butter vorstellen – und roh dann schon gar nicht. Wie geht das?

Für die Torten nehme ich rohe Cashewnüsse und mache daraus mit Wasser in einem Hochleistungsmixer eine Milch. Dann wird das ganze etwas eingedickt. Das ist die Basis für den Kuchen und schmeckt eigentlich relativ echt. Ich kann ja auch trotzdem noch Mehle benutzen, wie zum Beispiel Kokosmehl oder Buchweizenmehl in Rohkostqualität. Meistens sind die Produkte natürlich auch alle bio und fairtrade.

Du hast gerade gesagt ‚Mehle benutzen'. Müssen Mehle nicht gebacken werden, damit man sie essen kann?

Beispielsweise Kokosmehl besteht einfach nur aus gemahlenen Kokosraspeln. Die würdest du ja auch roh essen und davon kannst du auch das Mehl essen. Und bei Buchweizen auch. Theoretisch könntest du alle Mehle roh essen. Ich würde jetzt zum Beispiel kein Weizenmehl essen – Weizen ist sowieso noch mal ein Thema für sich. Aber oft ist es auch ein Vorurteil, dass man irgendwas nicht roh essen darf. Ich hab' immer beigebracht gekriegt, dass man Kürbis nicht roh essen darf. Aber die leckersten Gemüsenudeln mache ich aus Kürbis!

Noch mal zurück zum Vorurteil ‚Vegan schmeckt nicht' und vielleicht rohvegan erst recht nicht. Was antwortest du, wenn jemand so was sagt?

Jeder sollte erst mal probieren. Danach kann man immer noch sagen, dass es einem nicht schmeckt. Zum Beispiel ins Café kommen oft Leute, die uns bei Happy Cow[12] gefunden haben. Viele merken zuerst gar nicht, dass alles roh ist. Am Ende wird dann gefragt: ‚Ach, war das jetzt alles Rohkost? Das habe ich jetzt gar nicht so herausgeschmeckt, das war einfach gut.' Das finde ich immer sehr lustig und es zeigt auch,

---

12 Auf „Happy Cow" kann man vegan-freundliche und vegane Restaurants in der Umgebung finden. http://www.happycow.net

dass man nicht mit Vorurteilen an etwas rangehen soll. Natürlich gibt es Sachen, die einem einfach nicht schmecken. Ich mag zum Beispiel keine großen Mengen Leinsamen. So was kann man ja vorher abklären.

Wenn eure Gäste oft gar nicht merken, dass das alles roh ist, sieht es dann optisch relativ normal aus, was ihr anbietet?

Zum Beispiel die Torten sehen gar nicht aus, als wären die roh. Oder wenn ich jetzt eine Quiche mache, wird die in einem Rohkost-Ofen bei 42 Grad etwas gedörrt und bekommt eine bisschen dunklere Haut. Es sieht fast aus wie gebacken. Man kann auch mit ein paar Tricks arbeiten. Wenn man zum Beispiel ein paar marinierte Pilze an die Oberfläche legt, werden die beim Dörren ein bisschen dunkler. Dann sieht das aus als wäre es im Ofen gewesen.

Hat man denn bei 42 Grad auch das Gefühl, dass es warm ist?

Ja! Da gibt es auch dieses Vorurteil von vielen, die sagen: ‚Ich möchte mal gerne warm essen, ich brauch' das ab und zu und das geht nicht mit Rohkost.' Das kann ich gleich widerlegen. Wenn du dir eine Suppe kochst, dann füllst du sie in eine Schüssel um und isst sie. Aber das, was in deinen Körper geht, ist niemals über 42 Grad warm. Wenn die noch zu heiß ist, wirst du dir diese Suppe auf den Löffel nehmen und wirst sie ein bisschen schlürfen, so dass es genau 42 Grad sind. Alles, was darüber ist, verbrennt dich direkt im Mund.

Spannend. Also ist rohvegan gar nicht so kalt und ungemütlich, wie es klingt.

Genau, du hast das sehr schön formuliert. Das muss ich mir merken (lacht).

Du hast ja vorhin gesagt, dass oft Leute kommen, die einfach ein veganes Café – oder manchmal auch nur ein Café – gesucht haben und denen es bei euch schmeckt. Man muss sich also nicht an Rohkost gewöhnen, bevor sie einem schmeckt? Oder verändert sich mit der Zeit auch der eigene Geschmack?

Also ich hab' früher viele Sachen nicht so gern gegessen. Und als ich vegan wurde, konnte ich auf einmal alles essen. Die Rohkost ist noch mal so ein Schritt. Ein roher Blumenkohl schmeckt einfach anders als ein gekochter. Viele Leute, die schon vegan sind, sind ja sehr offen für alles und probieren gerne und ohne Vorurteile. Denen schmeckt das dann auch. Dadurch, dass ich jetzt einmal im Monat einen veganen Brunch anbiete, kann ich das sehr schön beobachten.

Das heißt, es verändert sich zwar auch der Geschmack im Laufe der Zeit, aber man muss sich nicht umgewöhnen, bevor einem Rohkost schmeckt?
Unterschiedlich. Wir haben ja vorher soviel Koch-Kost gegessen und erinnern uns an alte Sachen, die wir gerne mochten. Aber es lässt sich nicht alles so eins zu eins übertragen. Man muss mit ein paar Einbußen rechnen, aber manchmal schmeckt es auch einfach besser als davor. Ich hatte schon viele Leute hier, die gesagt haben: ‚Das Stück Torte schmeckt mir besser, weil das nicht ganz so süß ist' oder ‚weil das ein bisschen cremiger ist, nicht so trocken'. Oder wenn sie einen Salat essen mit roher Roter Bete, dann schmeckt auf einmal die Rote Bete für die Leute besser, weil sie die vorher immer nur gekocht gegessen haben und gar nicht so mochten. Es gibt halt immer diese zwei Seiten der Medaille.

Wenn du jetzt ein besonderes Essen machen würdest – gerade auch in der kalten Jahreszeit, denn im Sommer kann man sich Rohkost ja eher vorstellen – wenn du zum Beispiel ein Weihnachtsessen machen würdest, mit allem drum und dran, wie könnte so etwas aussehen?
Als Vorspeise würde ich trotzdem einfach einen Salat machen, einen Pflück-Salat mit einem leckeren Essig-Öl-Dressing mit etwas Rohkost-Senf, Agaven-Süße, Gewürzen und vielleicht ein bisschen Granatapfel drin. Als Hauptgericht gäbe es eine schöne Gemüsepfanne. Ich würde Zucchini nehmen, Paprika, ein bisschen Pilze, ein bisschen Tomate und das im Ofen etwas dörren, dass es diesen „gebratenen" Geschmack bekommt. Das schön portionieren auf einem Teller, vielleicht noch eine rohe Mayonnaise drauf aus Mandelpüree und ein bisschen Öl. Dann würd' ich dazu noch ein paar Pilze einlegen, dörren und mit einem Pesto aus Zedernüssen, Basilikum und Olivenöl füllen. Das kann man dann warm bei 40 Grad anrichten. Und als Nachtisch ein Stück Torte oder eine Creme aus Nüssen und Früchten, wie ein Pudding.

Ja, das klingt sehr lecker. Ihr bietet bei euch im Café ja den Rundumschlag mit Mittagstisch, Brunch, Torten und so. Was für Gäste kommen zu euch? Und wie reagieren sie?

Es kommen Leute, auch Mischköstler, die einfach Interesse haben, mal was Neues zu probieren und die meistens sehr verblüfft sind, dass Rohkost doch nicht einfach nur ein Salat ist mit ein paar Obst- und Gemüse-Sticks, sondern dass das richtige, ansehnliche Gerichte sind, die auch in einem anderen Restaurant durchgehen würden. Auch alle Altersgruppen kommen. Wir haben Stammkunden vom 15-Jährigen bis Über-90-Jährigen. Diese Ernährung ist einfach für viele sehr interessant. Es geht nicht mehr nur um die Ethik, sondern auch um das Körperbewusstsein. Viele die Yoga machen, essen gerne Rohkost bei uns. Viele sagen auch, dass sie durch Rohkost noch klarer im Kopf wurden. Wie ja auch schon viele Veganer sagen, dass sie ohne Milchprodukte klarer im Kopf wurden. Das finde ich sehr interessant.

Gibt es irgendwelche besonders lustigen oder ausgefallenen Erlebnisse in Bezug auf Reaktionen eurer Gäste auf euer Essen oder deine Torten-Kunstwerke?

In der Fastenzeit hatten wir einen sehr jungen Mann im Café gehabt. Der wollte jetzt ein bisschen fasten und hat einen Salat bei uns gegessen mit einem Dressing aus Orangensaft und ohne Öl. Das schmeckt sehr gut. Und dann hatte er auch ein Stück Kuchen gegessen. Am nächsten Tag kam er noch mal und wollte ein Stück Kuchen essen. Und am dritten Tag hat er dann gefragt: ‚Sind diese Kuchen eigentlich laktosefrei?' Also das fand ich sehr schön. Er hatte gedacht, dass das ganz normale gebackene Torten sind, halt nur ohne Gelatine. Und als ich gesagt habe, dass das Rohkost ist, das konnte er erst gar nicht glauben und hat sich dann drei Stück Torte mitgenommen. Das war so eins meiner Highlights. Was ich auch immer sehr interessant finde: Als Veganer hörst du ja oft ‚Was kannst du denn eigentlich noch essen?' Wenn ich dann sage: ‚Ich bereite sehr gerne Rohkost zu', dann kriege ich immer als Antwort: ‚Ja, dann machst du halt ein paar Salate'. Das hätte ich vielleicht früher auch gesagt. Aber durch diese Vorurteile schützen sich die Leute auch. Manche haben Angst vor Neuem. Wenn man ihnen dann zeigt, was vegan und roh alles möglich ist, setzt auf einmal diese Erkenntnis und dieses Erstaunen ein, wie umfangreich das Thema doch ist. Bei vielen weckt das wirklich die Neugier, so dass sie dann einen Kurs besuchen wollen und sich dafür interessieren, was es noch gibt. Das ist auch immer sehr schön.

Du schreibst ja auch an einem ersten Buch mit Rezepten. Hast du ein Ziel, was du mit deiner Arbeit gerne erreichen möchtest?

Also für mich reicht dieser Ethik-Gedanke nicht mehr aus. Ich finde, wenn man sich sehr für Tiere einsetzt und dadurch vegan wird, kommt irgendwann auch der Punkt, an dem man sich eigentlich auch um sich selbst kümmern müsste. Und da finde ich Rohkost einfach ideal. Es ist alles glutenfrei, alles ohne Industrie-Zucker. Das ist so weit weg von der industriellen Nahrung und dem Fertig-Zeugs, einfach wieder „back to nature". Das finde ich sehr wichtig. Das Buch ist so eine Sache. Ich poste ja viele Bilder[13] und werde immer gern nach Rezepten gefragt. Jetzt hab' ich angefangen, das wirklich alles mal aufzuschreiben. Das nimmt halt viel Zeit in Anspruch, weil ich sonst immer ohne Rezepte arbeite, das mache, was gerade in meinen Kopf kommt. Die Buchveröffentlichung wird sich aber noch ein bisschen nach hinten ziehen, weil ich das schon sehr gerne umfangreich hätte, von Frühstück bis Abendessen alles dabei. Und ich möchte, dass das auf jeden Fall gute Rezepte sind, das ist mir das Wichtigste. Nicht einfach nur schnell irgendwas zusammengestellt. Sondern gute Sachen, die auch denen schmecken, die nicht so viel mit Rohkost am Hut haben. Man muss ja nicht 100 % Rohkost essen. Ich liebe auch ab und zu mal Bratkartoffeln. Aber je bewusster man mit seinem Essen umgeht, desto besser ist das ja für einen. Dazu möchte ich beitragen.

Aber so ein richtiger Gesundheits-Apostel bist du ja auch nicht, du rauchst beispielsweise.

(Lacht) Nein, ich möchte auch kein Gesundheits-Apostel sein. Man sollte einfach die Mitte finden, was einem gut tut. Diese Gesundheits-Schiene ist für mich auch nicht das Wichtigste. Tierleidfreies Essen, tierqualfreies Essen, das ist für mich das Wichtigste. Und wenn jemand was für sich selbst macht, dann finde ich das gut und auch wichtig, aber

---

[13] Lars postet auf Facebook unter seinem Namen „Lars Hoßmann"

das kann ja jeder für sich selbst entscheiden. Mir schmeckt einfach Rohkost auch sehr gut.

Gibt es außer den Bratkartoffeln noch andere Ausnahmen auf deinem Teller?
Ja, wenn ich unterwegs bin. Ich möchte auch noch ein soziales Leben mit Freunden haben, weggehen und Essen gehen können. Es ist schon schwer genug, etwas Veganes zu finden, und wenn ich dann noch auf Rohkost achten würde, wäre das noch schwerer.

Dann würdest du immer nur mit deinem Salat da sitzen?
Ja, und dann würde ich mich auch unwohl fühlen. Also Hauptsache, es ist vegan, das ist erst mal das Wichtigste.

Was war der Auslöser, warum du ursprünglich vegan geworden bist?
Zu meiner Schande muss ich gestehen, dass ich erst mal für mich selbst vegan werden wollte. Ich hab' angefangen, mich mit Nahrungsmitteln zu beschäftigen und gemerkt, dass vegan einfach gesünder ist. Die Tier-Ethik kam natürlich dazu. Dadurch, dass man sich damit mehr beschäftigt hat, hat man ja gesehen, was für eine Tier-Ausbeutung auf der Welt stattfindet. Natürlich bin ich jetzt hauptsächlich wegen der Tiere vegan. Aber mein Hauptgrund, mich mit Veganismus zu beschäftigen, war erst mal gesünder zu leben.

Wie ist es dann zu dem Wechsel zur Rohkost gekommen?
Naja, ich fand das vegane Essen immer leckerer und immer super. Dadurch, dass ich mich viel damit beschäftigt und selbst gekocht habe und einfach viel mehr Verbindung zu dem Essen hatte, hab' ich immer mehr gegessen und auch zugenommen. Als ich wieder abnehmen wollte, habe ich im Internet recherchiert und kam zufälligerweise auf ein Rohkost-Video. Dann hab' ich mich weiter informiert, denn das ist ja ein sehr umfangreiches Thema. Manche Infos sind auch grenzwertig mit viel Esoterik, von der ich mich sehr gerne distanziere. Man findet dann Erlebnisberichte was mit Rohkost bei vielen Leuten besser geworden ist: Allergien verloren, Gewichtsabnahme, bessere Haut, besser alles (lacht) – was man ja auch schon bei Veganern gehört hat. Aber das Vegane hatte

ja bei mir nicht diesen Effekt abzunehmen, also musste ich doch weiter gucken.

Wenn ich allerdings diese ganzen leckeren Torten sehe und alles, was du so postest, frage ich mich, ob du mit Rohkost denn diesen Effekt erreichen kannst.
(lacht) Ja, dadurch, dass du nur sehr natürliche und hochwertige Produkte nimmst. Ich habe ja alles immer in Bio. Zum Beispiel ein richtig hochwertiges Oliven- oder Kokosöl ist eher gesundheitsfördernd und kann beim Entschlacken helfen. Bei der Rohkost werden auch keine Kalorien gezählt. Wobei ich jetzt sagen muss, dass schon sehr viele Nüsse in solchen Rohkost-Torten drin sind. Man sollte jetzt keine ganze Torte essen. Aber du wirst ja auch gemerkt haben, dass man nach einem Stück davon schon sehr gesättigt ist.

Aber hast du mit Rohkost tatsächlich auch abgenommen?
Ja. Ich denke, so in ein oder zwei Jahren werde ich schon mein Wunschgewicht erreicht haben. Es stagniert zwar zwischendurch ein bisschen, aber da ich ja nicht immer nur 100 % Rohkost esse, ist das natürlich klar. Ich mach' mir da keinen Stress, es ist mehr so, dass sich das langsam einpendelt. Mir soll es einfach dabei gut gehen.

Stichwort ‚gut gehen': Hast du dich extra informiert auf was du gesundheitlich achten musst, als du auf vegan und dann auf rohvegan umgestellt hast?
Natürlich habe ich mich am Anfang sehr viel informiert. Aber in letzter Zeit habe ich gelernt, dass ich einfach auf meinen Körper hören soll. Der wird mir schon sagen was ich brauche und was ich nicht brauche. Das ist eigentlich der wichtigste Punkt, auf seinen Körper zu hören, anstatt auf das, was in der Werbung gesagt wird. Ich glaub', das kann jeder für sich immer selbst am besten entscheiden.

Lässt du dich regelmäßig vom Arzt durchchecken?
Das habe ich sehr lange gemacht, seit ich vegan wurde. War immer alles super, hat sich sogar alles verbessert, niedrigster Cholesterinspiegel, auch super Eisenwerte. Ich lass' mich aber inzwischen nicht mehr kontrollieren. Ich denke, dass jeder Mensch ein Individuum ist und jeder andere Werte braucht, die für einen gut und richtig sind und nicht so

einen Standard-Durchschnittswert, der irgendwann mal als Ideal festgesetzt wurde.

Eisen ist ja immer das Hauptargument von Ärzten, warum vor allem schwangere Frauen Fleisch essen müssen. Aber ich hab' jetzt schon von mehreren Leuten gehört, dass ihre Eisen-Werte besser geworden sind seit sie vegan leben.

Ja, obwohl immer gesagt wird, dass tierisches Eisen leichter vom Körper aufgenommen werden kann als pflanzliches. Aber in vielen Pflanzen ist auch einfach mehr Eisen drin als in Fleisch. Und wenn du das Gemüse roh isst, hast du noch mal einen viel höheren Mineralstoffgehalt, als wenn du es vorher „tot kochst". Dadurch bist du auch schneller satt. Wenn du zum Beispiel eine rohe Süßkartoffel isst, dann bist du nach einer halben Süßkartoffel schon relativ satt. Aber wenn du sie kochst, kannst du davon fünf bis sechs Stück essen. Nicht die Masse macht uns satt, sondern die Mineralien und Inhaltsstoffe. Wenn du zum Beispiel einen richtig großen Salat isst mit ein bisschen Karotten, ein bisschen Rote Bete drin, ein paar Sprossen und vielleicht noch ein paar angekeimten Sonnenblumen-Kernchen, dann bist du davon sehr schnell satt, weil der Körper irgendwann sagt: ‚Ich hab' jetzt genug aufgenommen an wichtigen Sachen, die ich brauche'.

In deiner Anfangszeit als Veganer, oder später dann als Rohköstler, gab's da irgendwas, was dir besonders schwer gefallen ist oder wo du dachtest, das schaffst du nicht?

Der Käse. Ich glaube, das ist fast bei jedem am Anfang ganz furchtbar. Aber wenn ich so drüber nachdenke, ist das ja meistens nur die Konsistenz die uns fehlt. Die ist ja schon sehr schön, die gibt schnell ein sehr gutes Mundgefühl. Ich muss das jetzt mal so sagen. Natürlich ist es absolut eklig, was da drin ist. Aber diese Konsistenz ist halt super. Wenn du es schaffst, diese Konsistenz nachzumachen ... Es gibt inzwischen ein paar Hersteller von veganem Käse, die das sehr gut geschafft haben, Happy-Cheeze zum Beispiel. Aber als ich vegan wurde, gab es keinen veganen Käse. Man macht es ja irgendwann einfach für sich und für die Tiere, für die Ethik. Das ist halt für viele so ein Überwindungspunkt – für mich war es das auf jeden Fall. Als dann der vegane Käse rauskam, hab' ich ganz viel davon gegessen und jetzt kann ich's nicht mehr sehen und lebe trotzdem glücklich. Aber falls ich einen Käse möchte, sitze ich hier bei Happy-Cheeze ja an der Quelle. Oder ich kann mir selbst einen wunderbaren Käse aus fermentiertem Cashew machen. Dazu püriere ich ganz viel Cashew und lass' das mit Bakterien fermentieren. Das kommt sehr an den Käsegeschmack ran. Die Konsistenz ist nicht 100% wie Gouda, aber es kommt halt ran an den Geschmack. Dann esse ich ein bisschen was davon und dann ist es aber auch wieder gut. Und es hält sich ewig, wird nur noch besser beim Lagern, reift auch, konserviert sich selbst.

Nutzt du zum fermentieren die Bakterien, die sonst beim Kuhmilchkäse auch zum Einsatz kommen?
Genau. Diese ganzen Bakterien gibt es ja auch auf veganen Medien gezogen, auf Mais oder so. Das ist gar kein Problem.

Was hat dir damals geholfen, als es noch keinen veganen Käse gab?
Also in meinem ersten veganen Jahr habe ich eigentlich hauptsächlich von gebratenem Gemüse gelebt. Da denkt man auch, dass einem das irgendwann ja nicht mehr schmecken kann. Aber man kann das in so vielen verschiedenen Varianten zusammenstellen und mit Nudeln oder anderen Beilagen kombinieren, da kann man wochenlang von leben und hat jedes Mal ein anderes Gericht. Als ich dann das erste Mal in einem Bio-Laden eine vegane Sahne zum Kochen gefunden habe, da hab' ich echt gedacht: ‚Wow, mein Leben verändert sich jetzt komplett.' Und dann ging das ja ganz schnell in den letzten Jahren mit dem Ausbau von den veganen Produkten. Jetzt kann eigentlich fast gar nichts mehr fehlen. Natürlich gibt es viele Produkte, die einem nicht schmecken, die ich auch gar nicht empfehlen kann. Wenn Leute anfangen veganes Essen auszuprobieren und sich dann die veganen Burger aus dem Discounter holen, das finde ich zum Beispiel eher gefährlich. Ich persönlich finde, dass die nicht gut schmecken. Ich hab' viele Leute kennengelernt, die haben gesagt: ‚Ja, ich hab' dann mal die vegane Wurst aus dem Discounter probiert, das war so gräuslich-furchtbar.' Dann möchten die gar nichts mehr probieren und haben sofort dieses Vorurteil, dass vegan nicht schmeckt. Ich habe ihnen dann gezeigt, dass es auch leckere vegane Würstchen gibt und da waren sie auch wieder begeistert. Aber das kann ich ja nicht mit jedem machen.

Was bedeutet es für dich vegan beziehungsweise rohköstlich zu leben? Also nicht nur vom Essen her, sondern insgesamt.

Ich mache keinen großen Unterschied zwischen vegan und rohköstlich. Mir ist einfach wichtig, jegliches Tierqual-Produkt zu meiden. Ich versuch' zum Beispiel selbst Kunstleder zu meiden, weil es noch mit echtem Leder gemischt sein kann. Ich geh' auch viel bewusster mit Müll um, gucke dass ich weniger Plastik kaufe. Auch Palmöl benutze ich in der Rohkost überhaupt nicht. Das produziert auch Tier-Qual und das möchte ich einfach nicht. Man muss ein bisschen drüber gucken über den Tellerrand.

Gibt es bei deiner Rohkost-Ernährung irgendwas, was du besonders schwer findest oder als Nachteil empfindest?

Ja, dass man nun nicht einfach überall essen gehen kann. Aber sonst finde ich das eigentlich nicht schwer. Vegan ist ja in den letzten Jahren sehr in die Mitte der Gesellschaft gewandert. Das ist ein großer Vorteil, man wird nicht mehr so oft blöd angeguckt. Aber es gibt auch Situationen, da sage ich, dass ich eine Allergie auf tierisches Eiweiß hab'. Das ist manchmal einfacher, als wenn ich sage, dass ich Sachen vegan möchte.

Was passiert wenn du sagst du möchtest das vegan?

Dann kommen teilweise irgendwelche blöden Sprüche, die wahrscheinlich schon jeder kennt und darauf habe ich einfach inzwischen keine Lust mehr. Aber in den letzten zwei Jahren ist ja das Vegane immer mehr in den Mainstream-Medien drin, die Vorurteile werden nach und nach abgebaut und das ist ja ein sehr positiver Aspekt. Noch fünf Jahre und wir haben die blöden Sprüche hinter uns. Dann ist das Vegane genauso akzeptiert wie das Vegetarische.

Was sind für dich die Vorteile am veganen rohköstlichen Leben, was gefällt dir am besten?

Am besten gefällt mir wie viele neue Produkte ich kennen gelernt habe als ich zu vegan umgestiegen bin. Bei der Rohkost war ich dann ganz fasziniert, was es alles für Gemüse- und Obstsorten gibt, die man vorher noch nie wirklich gesehen, beachtet oder im Supermarkt gefunden hat. Man setzt sich damit ja viel mehr auseinander. Das Vegane und auch die Rohkost erweitert jeweils immer das Küchenspektrum. Es kommen ganz neue Gewürze hinzu, ganz neue Zutaten. Ich habe zum Beispiel letztens frischen Kurkuma gekauft. Das hatte ich noch nie und das fand ich super, weil es noch mal ganz anders schmeckt als das Pulver. Viele sagen ja, dass vegan ein Verzicht ist. Also ich muss sagen, es ist das Gegenteil. Mir fehlt halt Fleisch und Milch, aber ich hab' dafür 100 neue Gemüsesorten hinzubekommen. Und Fleisch ist für mich Fleisch, aber jedes Gemüse ist anders. Und durch die Zubereitung kommt auch noch mal eine große Vielfalt. Wenn du einen Kürbis nimmst und reinbeißt, dann schmeckt er nach was. Wenn du diesen Kürbis in ganz feine Scheiben schneidest, schmeckt er anders. Wenn du ihn mit einem Spiralschneider zu feinen Nudeln machst, schmeckt das noch mal anders. Wenn du dann diese Nudeln marinierst mit ein bisschen Öl oder mit einem Pesto aus Zedern-Nüssen und Basilikum, dann schmeckt das wieder anders. Es wird durch das Öl weicher, bekommt auch eher so eine Nudel-Konsistenz. Diese ganzen Konsistenzen von einem Kürbis, in verschiedene Formen geschnitten oder noch mal als Suppe püriert – du kannst ja trotzdem eine Suppe machen bei 42 Grad – die schmecken alle immer noch einmal anders. Das ist faszinierend. Damit kannst du auch sehr viel arbeiten. Natürlich gibt's beim Fleisch auch Unterschiede, aber ich finde beim Gemüse sind die viel gravierender. Oder wenn ich mir Bio-Karotten kaufe, kann ich sie entsaften und den Karottensaft trinken. Aus dem Trester[14] kann ich mir Rohkost-Kräckerbrot machen und das Karottengrün in den Smoothie tun. Ich kann das alles voll ausnutzen. Früher hätte ich das Grüne einfach weggeschmissen. Jetzt weiß ich, dass das gesund ist und gar nicht mal so schlecht schmeckt. Das fasziniert mich am meisten, wie groß diese Palette geworden ist, was ich jetzt in meinem Kühlschrank alles habe und was man alles essen kann. Natürlich, das Allerbeste ist, dass man Tierqual vermeidet. Aber das ist halt auch eher so ein Punkt, wo man sich streiten kann, wie viel man als Einzelner verändert, wenn man vegan lebt. Der Fleischexport ist ja in den letzten Jahren gestiegen, obwohl der Fleischkonsum gesunken ist. Das sind so Sachen, über die ich traurig bin.

---

14 Als „Trester" werden die Pflanzen-Rückstände beim Saft- oder Ölpressen bezeichnet

Wir sind fast am Ende angelangt. Eine letzte Frage noch: Wenn dir alle Menschen für eine Minute zuhören würden, was würdest du ihnen sagen?

…Puh…Werdet vegan. (lacht)…Das ist eine schwere Frage… Ja, ich glaube, das ist es: Werdet bitte vegan.

Vielen Dank, Lars!

Ist Veganismus eine Ideologie?

„Veganismus ist eine Ideologie", „Veganer sind nicht objektiv und man kann nicht vernünftig mit ihnen reden." Das hört man immer wieder. Aber stimmt das? Was charakterisiert Ideologien? Und wie gelingen Gespräche?

Wir stellen immer wieder fest, dass sich die meisten Menschen automatisch entschuldigen, wenn sie erfahren, dass wir vegan leben. „Ich esse ja auch nur noch ganz wenig Fleisch – und wenn, dann nur Bio" bekommen wir zu hören. Völlig unaufgefordert. Ohne eine einzige Anklage oder Nachfrage von unserer Seite aus.

Die meisten Menschen lehnen Massentierhaltung ab ... und essen Fleisch aus Massentierhaltung. Sie sagen Dinge wie „Eigentlich ist es ja nicht in Ordnung, aber ..."

Wie funktioniert das?

Wir haben auch schon zu hören bekommen, dass Veganismus eine Ideologie sei, keine Ernährungsweise. Und dass man mit Veganern daher nicht vernünftig reden könne.

Und natürlich die Aussage „Veganismus ist extrem". Aber ist es „extrem" oder einfach nur anders?

Ist es weniger extrem, Fleisch, Milch und Eier zu essen? Oder sind wir nur daran gewöhnt?

Wir haben mit **Mahi Klosterhalfen** gesprochen, dessen Job die Kommunikation ist. Als geschäftsführender Vorstand der Albert Schweitzer Stiftung für unsere Mitwelt wirbt er bei Verbrauchern, vor allem aber bei Unternehmen und Politikern für vegane Produkte und Tierrechte.

Sebastian Joy (ehem. Zösch) hat als Geschäftsführer des VEBU (Vegetarierbund Deutschland) einen ähnlichen Job, auch für ihn gehört Kommunikation mit Nicht-Veganern zum täglichen Brot. Er hat uns ebenfalls unsere Fragen beantwortet und unter anderem von der Zusammenarbeit mit einem großen Wurshersteller berichtet.

Und wir haben die Psychologie- und Soziologie-Professorin und Buchautorin Dr. **Melanie Joy** am Telefon gehabt, die erklärt, wie wir unsere Gefühle so sortieren können, dass wir einige Tiere schützen und lieben und andere einsperren, töten und essen.

Rechthaben-Wollen hinterlässt nur verbrannte Erde

(Foto von Mahi Klosterhalfen:
Copyright Lisa Timmermann)

Interview mit Mahi Klosterhalfen, Geschäftsführender Vorstand der Albert Schweitzer Stiftung für unsere Mitwelt[15], die sich für die Verbreitung des Veganismus einsetzt. Mahi lebt seit 2005 vegan.

Mahi, man hört immer wieder die Meinung, dass man mit Veganern nicht vernünftig reden könne. Als Vorstand der Albert Schweitzer Stiftung für unsere Mitwelt führst du schon von Berufs wegen viele Dialoge, nicht nur mit Privatleuten sondern sehr oft auch mit Vertretern der Industrie. Wie suchst du diesen Dialog, wie gehst du vor?

Das kommt darauf an, mit wem wir den Dialog führen. Bei der Lebensmittelindustrie, mit der wir ja vor allem sprechen, suchen wir uns möglichst Themen aus, die so klar sind, dass eigentlich keiner etwas daran aussetzen kann. Das klassische Thema, mit dem die Stiftung groß geworden ist, ist der Kampf gegen die Käfighaltung von Legehennen. Da muss man niemandem mehr etwas erklären. Jeder weiß, wie es in diesen Legebatterien aussieht und dass es nicht tragbar ist, sie durch den Kauf der Eier zu unterstützen – sei es als Privatmensch oder als großer Kekshersteller. Wir schreiben solch einen Hersteller dann sehr freundlich an, sagen, dass wir gerne mit ihm über dieses Thema sprechen würden und fragen, ob er dazu bereit ist. In vielen Fällen hilft das schon, manchmal aber auch nicht. Dann muss man mehrfach nachfassen, bis man die richtigen Leute an die Strippe kriegt. Teilweise muss man auch Druck ausüben, damit sich etwas bewegt. Spätestens dann führen fast alle Unternehmen die Umstellungen durch, die wir vorschlagen – also

---

15 Die Albert Schweitzer Stiftung für unsere Mitwelt wurde im Jahr 2000 gegründet. Sie setzt sich für die Abschaffung der Massentierhaltung und die Verbreitung der veganen Lebensweise ein. http://albert-schweitzer-stiftung.de

zum Beispiel keine Käfigeier mehr in ihre Produkte zu mischen oder als Supermarktkette keine Hummer mehr anzubieten.

Du hast gerade von Druck gesprochen. Wie übt ihr Druck aus, wenn ein Unternehmen nicht mit euch sprechen möchte?
Davon bekommt die Öffentlichkeit meist gar nichts mit, weil wir immer ein fairer, berechenbarer Partner sein wollen – auch wenn es auf einen Streit hinausläuft. Wir kündigen dem Unternehmen alle Schritte im Vorfeld an und stellen unsere geplanten Kampagnen vor. Wir sagen beispielsweise: ‚Wenn wir jetzt nicht weiterkommen, starten wir diese und jene Kampagne. Das machen wir aber erst in zwei Wochen. Wenn ihr es euch bis dahin anders überlegt, sagt uns bitte Bescheid, denn dann machen wir gar nichts.' In fast allen Fällen führt das zum Erfolg – mit dem schönen Nebeneffekt, dass sie sehen und verstehen, dass wir nicht auf Medienaufmerksamkeit aus sind, sondern dass wir fair und an Lösungen interessiert sind. Oft entstehen so die besten Kontakte und man kann später auch andere Themen zusammen angehen.

Nehmen euch Unternehmen dadurch vielleicht sogar als positiven Partner wahr? Wenn ein Kekshersteller beispielsweise dazu übergeht, auf Käfigeier zu verzichten, könnte er das ja positiv als Werbung für sich nutzen. Gibt es solche Veränderungen in der Wahrnehmung?
Ja. Je nach Thema bieten wir den Unternehmen auch an, mit ihnen zusammen Öffentlichkeitsarbeit zu betreiben. Das ist für uns immer ein kleiner Spagat, weil wir auch an Boden-, Freiland- und Biohaltung einiges auszusetzen haben. Wir sagen also nicht ‚Ihr seid ein super Vorbildunternehmen', sondern ‚Das ist schon mal gut, dass ihr einen Schritt in die richtige Richtung gegangen seid, aber vergesst nicht, es gibt noch weitere Schritte.' Um beim Thema Käfigeier zu bleiben: Inzwischen führen wir mit vielen Unternehmen Gespräche, neue Ei-Alternativen auszuprobieren. Da werden gerade Produkte entwickelt und getestet – die ersten sind auch schon am Markt. Dies ist natürlich die beste Lösung, wenn die Unternehmen gar keine Eier verwenden, sondern Alternativen finden. Oft hilft es hierbei sehr, dass sie uns schon kennen und unsere Arbeit verstanden haben. Sie nehmen dann unsere Vorschläge ernst und testen sie.

Das heißt, ihr versucht nicht als Gegner wahrgenommen zu werden, sondern als Partner, der mit den Unternehmen zusammen arbeitet?
    Das ist gut zusammengefasst, ja.

Ihr sprecht viel von vegetarisch – auch in eurer Broschüre – und nicht von vegan. Warum?
    Um es vorwegzunehmen: wir verwenden auch „vegetarisch" immer seltener und tendieren mehr zum Wort „tierfreundlich", weil das weniger vorbelastet ist. „Vegan" verwenden wir kaum, weil viele Menschen davon eine falsche Vorstellung bekommen haben. Das waren vielleicht auch Fehler, die innerhalb der Bewegung, vielleicht auch innerhalb unserer Stiftung gemacht wurden, die dazu führten, dass „vegan" als etwas Absolutes wahrgenommen wird, das keinen Spaß macht, sondern immer ein Kampf darum ist, auch noch das letzte Molekül tierischer Herkunft aus der Ernährung und dem Konsum zu verbannen. Für die meisten Menschen ist das viel zu weit weg, als dass sie sich dafür interessieren würden. Wir schauen immer, wo die Menschen stehen und wie wir sie da abholen können. Das geht meist nicht mit 100-Prozent-Forderungen, sondern mit attraktiven Einladungen, die nächsten Schritte zu gehen. Und der nächste Schritt ist eben für den typischen Konsumenten von Massentierhaltungsfleisch nicht der Veganismus. Der typische Konsument sagt vielleicht: ‚Eigentlich haben die Tierschützer ja recht. Es wird viel zu viel Fleisch produziert und ich selber esse auch viel zu viel Fleisch. Ich gucke mir mal die Alternativen an.' Wenn wir da einen Fuß in die Tür kriegen und zeigen können, wie toll die vegane Küche ist, dass sie nicht Verzicht bedeutet, sondern kulinarisch ein Highlight sein kann und darüber hinaus für die Gesundheit gut ist, dann sind wir an einem Punkt, wo wir mit ihnen darüber reden können, ob sie das nicht ausprobieren wollen.

Wie gelingen Gespräche zwischen Veganern, Vegetariern und Fleischessern auf dieser persönlichen Ebene, also wenn ich jetzt ein oder zwei Leuten gegenüberstehe? Was sind deine Erfahrungen, deine Tipps?
    Wichtig ist es, erst mal einen gemeinsamen Konsens zu finden. Auch die meisten Fleischesser sagen ja inzwischen: ‚Massentierhaltung ist nicht okay' oder ‚Ich esse ja sowieso nur noch ganz wenig Fleisch.'

Das kann man bejahen und sagen: ‚Prima, das sehen wir genau gleich. Jetzt lass uns doch mal überlegen, was man da tun kann.' Wichtig ist, dass man von sich selber spricht und zeigt, dass man auch keinen Heiligenschein hat. Ich konnte mir beispielsweise früher auch nie vorstellen Veganer zu werden. Es ist auch nicht sinnvoll zu sagen: ‚Du musst von heute auf morgen, oder am besten jetzt hier an Ort und Stelle vegan werden.' Besser sagt man: ‚Guck mal, was für ein tolles Angebot es gibt. Lass mich dir ein paar Webseiten schicken, wenn du Interesse hast', und dergleichen. Ich glaube, die allerwenigsten Menschen wollen sich wirklich reinreden lassen. Auch die Psychologie zeigt, dass man selber auf die Ideen kommen will und nicht alles vorgekaut kriegen möchte. Deswegen denke ich, dass es unsere Hauptaufgabe ist, den Menschen einen Anstoß zu geben und den Weg aufzuzeigen. Gehen müssen sie ihn aber selber.

Das heißt, du empfiehlst so etwas wie eine Einladung auszusprechen und Tipps zu geben, wo es weitere Informationen gibt.

Ja. In meinem Fall sage ich auch immer wieder: ‚Hier ist die Selbst-Wenn-Broschüre[16]. Da steht im Grunde schon alles drin, auch ein paar Rezepte zum Ausprobieren, Tipps zu Webseiten oder Kochbüchern. Schau da mal rein. Es gibt auch einen Newsletter mit Rezepten und dergleichen, den kannst du abonnieren.' Das ist – glaube ich – die beste Herangehensweise, auch wenn einem das vor allem am Anfang schwer fällt... Wenn man selber erkannt hat, in was für einem System man eigentlich lebt und was man da selber unterstützt hat, dann ist man so sauer, dass man denkt ‚Hey, man muss es den Leuten nur erklären und dann verstehen's alle und werden es auch so machen wie ich.' Aber leider funktioniert es nicht so, das muss man sich einfach bewusst machen. Ich habe in meinen ersten Monaten als Veganer viel verbrannte Erde hinterlassen, weil ich mich ständig mit meinen Freunden gestritten habe. Dann wurde mir irgendwann klar, dass das nichts bringt. Selbst wenn ich als Gewinner aus so einer Diskussion herausgehe, heißt das noch nicht, dass die Tiere dadurch irgendetwas gewonnen haben. Denn im Grunde

---

16 Die Selbst-Wenn-Broschüre wird von der Albert Schweitzer Stiftung für unsere Mitwelt herausgegeben. Sie enthält Informationen und erste Tipps für eine tierfreundlichere Ernährung. Hier kann man sie online lesen oder auch bestellen:
http://albert-schweitzer-stiftung.de/aktuell/selbst-wenn-broschuren-bestellen

habe ich nur einen Graben gebuddelt. Ich habe die Leute vorgeführt mit meinen tollen Argumenten, aber ich habe in den Menschen keinen Willen erzeugt, etwas zu ändern. Da habe ich gemerkt, dass ich einen anderen Weg gehen muss.

Wie sieht dieser andere Weg aus, vor allem wenn dein Gegenüber tatsächlich auf Konfrontation aus ist?
    Das hatte ich erst kürzlich wieder. Jemand aus meinem Bekanntenkreis hatte sich über einen Artikel lustig gemacht, den wir auf unserer Webseite gepostet hatten. „Das Rufen der Kühe"[17] hieß dieser Artikel und es ging darum, was für Schmerzen – also seelische Schmerzen – die Milchkühe und die Kälber erleiden, wenn sie kurz nach der Geburt getrennt werden, sich gegenseitig rufen, aber sich nie mehr zu Gesicht bekommen. Er fand das irgendwie lustig. Darauf habe ich gesagt ‚Hey, ich finde es schade, dass du den Kühen so wenig Mutterliebe zutraust.' Er ist dann auf mich eingegangen und hat geantwortet ‚Hast ja eigentlich recht, eigentlich empfinden alle höher entwickelten Säugetiere so etwas wie Mutterliebe.' Wir haben dadurch einen gemeinsamen Nenner gefunden, von dem aus ich argumentieren konnte. Das zeigt wie wichtig es ist, sich nicht provozieren zu lassen, sondern auf eine freundliche Art Grenzen zu setzen, so dass dem späteren Dialog möglichst nichts im Weg steht.

Das heißt, wenn jemand dich provozieren will, versuchst du nicht seine Argumente zu entkräften, sondern ihm die Rückmeldung zu geben, was es für dich bedeutet, dass er so reagiert. Gibt es auch Situationen, wo für dich der Spaß aufhört und du ein Gespräch abbrichst?
    Ja, natürlich gibt es Leute, mit denen kann man nicht reden und die wollen auch nicht reden, sondern nur provozieren. Dann führe ich die Diskussion nicht weiter, sondern sage irgendwann ‚Okay, sorry, ich glaube, wir finden hier keinen gemeinsamen Nenner, lassen wir es bleiben.' Aber ich verschwende meine Energie dann auch nicht mit unnötigen Streits. Es sind ja nicht alle Menschen so. Es gibt halt ein paar, die sich vielleicht gut dabei fühlen, wenn sie ein bisschen provozierend

---

17 Den Artikel „Das Rufen der Kühe" kann man hier lesen: http://albert-schweitzer-stiftung.de/aktuell/das-rufen-der-kuhe

auftreten und die muss man dann eben lassen. Auf Facebook hat sich ein ganz guter Spruch etabliert: ‚Don't feed the trolls!' Gebt diesen Trollen keine Nahrung und keinen Nährboden. Wenn sie ignoriert werden, verlieren sie auch den Spaß daran. Ich glaube, das ist der beste Umgang. Aber die wenigsten sind solche Provokateure. Umso bedauerlicher finde ich es, dass unsere Bewegung doch relativ viel Zeit verwendet, um sich mit solchen Menschen auseinanderzusetzen. Ich glaube, diese Energie wäre an anderen Stellen viel besser investiert.

Wie gehen die Menschen meistens auf dich zu, was sind die häufigsten Fragen oder vielleicht auch Vorurteile?
Vielleicht habe ich Glück und treffe eher aufgeschlossenere Leute. Aber ich meine auch, dass sich das in den letzten Jahren stark gewandelt hat. Früher hörte man eher ‚Vegan ist doch völlig bekloppt.' Heute gestehen mir die meisten Leute im Grunde zu, dass ich irgendwo recht habe – auch wenn sie das vielleicht nicht so sagen würden. Sie sagen dann eher ‚Ja, das finde ich bewundernswert' und ‚Aber ich selber könnte das nicht.' Vor allen Dingen dieses ‚Ich selber könnte das nicht' ist meistens der Ausgangspunkt einer Diskussion. Da ist es meine – und unsere – Aufgabe, den Menschen zu zeigen, dass es gar nicht so schwer ist. Man muss sich im ersten Schritt einfach mal ein bisschen Zeit nehmen, um sich mit der eigenen Ernährung zu beschäftigen – später dann vielleicht auch mit der restlichen Lebensweise – und um die Dinge auszuprobieren. Dann merkt man, wie leicht das ist.

Du versuchst neugierig zu machen und erste Schritte zu erleichtern, aber dein Gegenüber muss nicht gleich vegan werden?
Wenn ich Vorträge halte oder Workshops gebe, frage ich manchmal in die Runde: ‚Wer von euch ist über den Schritt Vegetarismus zum Veganismus gekommen und wer von euch ist direkt vegan geworden?' Bei ‚direkt vegan geworden' gehen vielleicht zwei von 100 Händen hoch. Für die allermeisten ist das ein Prozess. Manche stellen ja noch nicht einmal von heute auf morgen auf vegetarisch um, sondern reduzieren Schritt für Schritt ihren Fleischkonsum, bezeichnen sich dann schließlich als Vegetarier und kommen irgendwann dazu, auch keine Milch und keine Eier mehr zu konsumieren. Ich glaube, das ist der normale

Weg. Und ich glaube, für die meisten Menschen ist das auch der richtige Weg. Natürlich wäre es vielleicht möglich von heute auf morgen vom Fleisch-Esser zum Veganer zu werden, wenn man den ganzen Tag Zeit und Lust hat sich darum zu kümmern. Aber die meisten Menschen haben ja noch ganz andere Dinge im Kopf und wollen sich nur schrittweise ändern. Das muss man respektieren. Deswegen sagen wir, dass jeder Schritt in die richtige Richtung lobenswert ist. Und man muss ja nicht nur loben, sondern kann auch sagen: ‚Ich hoffe du machst weiter so.' Ich glaube, selbst wenn die Menschen sich zunächst nur für die Idee öffnen, weniger Fleisch zu essen, hat man schon den gemeinsamen Nenner, den man braucht. Denn sie sagen damit, dass sie im Grunde dieses System der Tierausbeutung nicht mehr unterstützen wollen und ihren Weg finden möchten davon weg zu kommen. Diesen Leuten sollte man nicht mit Aggressionen begegnen sondern man sollte sie ermutigen, den Weg weiter zu gehen.

Ich würde gerne noch einmal auf den Punkt Vorurteile beziehungsweise Missverständnisse zurückkommen. Was sind deiner Meinung nach die größten Missverständnisse oder Vorurteile in Bezug auf Veganismus?

Also das häufigste Vorurteil ist ganz klar, dass das eine asketische Form der Ernährung sei. Das mag vielleicht auch damit zusammenhängen, dass Vegetarier und Veganer fitter aussehen und die Menschen dann denken, das käme von Askese und weil man viel zu wenig isst. Aber ich glaube, bei den meisten tritt das ein, was bei mir passiert ist: Man ernährt sich einfach viel, viel gesünder und der Körper spiegelt das dann auch wider. Das kommt aber nicht durch Askese zustande, sondern durch eine positive Art von Genuss. Ich glaube, das verstehen sehr viele Menschen nicht oder sie können es sich nicht vorstellen – vielleicht auch, weil sie selber mal eine schreckliche Tofu-Erfahrung gemacht haben, weil sie beispielsweise nicht wussten, dass man das nicht einfach in die Pfanne haut wie ein Stück Schnitzel, denn dann schmeckt es ja wirklich grausam. Ich glaube, das ist das Vorurteil schlechthin, dass es wahnsinnig schwierig sei und dass man kein Genussleben mehr führen könne. Ich sehe es auch als eine unserer wichtigsten Aufgaben an, den Menschen zu zeigen, dass genau das Gegenteil wahr ist. Die vegane Küche hat noch viel mehr zu bieten als nur Sojaschnitzel. Deswegen freue ich mich auch über Straßenfeste wie das Vegane Sommerfest in Berlin[18] oder den Vegan Street Day in Dortmund und Stuttgart[19], wo Menschen ganz zwanglos in Kontakt miteinander kommen und vegane Produkte ausprobieren können. Darüber hinaus finde ich es auch enorm wichtig, dass immer mehr große Supermarktketten immer mehr vegane Produkte ins Sortiment nehmen. Und dass es immer mehr vegane Restaurants gibt, ist natürlich auch eine tolle Entwicklung.

Jetzt haben wir über Missverständnisse gesprochen, die sich auf Veganismus beziehen. Hast du das Gefühl, dass es auch in Bezug auf die traditionelle Mischkost große oder weit verbreitete Missverständnisse gibt?

Ja, dafür war ich ja selber damals das beste Beispiel. Ich dachte, man würde Fleisch brauchen, um Muskeln aufzubauen. Ich habe immer schon relativ viel Sport getrieben und glaubte, ich müsste massenweise Fleisch, Milch und Eier konsumieren, weil das meine Quellen für Protein und wichtige Vitamine und dergleichen wären. Ich habe dann selber erlebt, dass eigentlich das Gegenteil der Fall ist. Relativ bald nachdem ich vegan wurde, bin ich meinen ersten Marathon gelaufen. Und inzwischen gibt es ja auch viele vegan lebende Sportler als Vorbilder.

Gibt es bei all den Gesprächen, die du über Veganismus schon geführt hast, etwas, das dir besonders in Erinnerung geblieben ist?

Ja, es gibt ein paar sehr schöne Erlebnisse, beispielsweise wenn ich Menschen, die ausführlich mit mir diskutiert hatten – als ich es schon ein bisschen besser konnte als in meiner Anfangsphase – später noch mal begegnet bin und sie mir gesagt haben, dass sie relativ bald danach vegetarisch oder vegan geworden sind. Und ein ganz tolles Erlebnis war auch, als mir jemand auf Facebook geschrieben hat, dass er meine Einleitung in der Selbst-Wenn-Broschüre gelesen hatte und davon so berührt war, dass er von jetzt auf gleich vegan wurde. Das sind so Lieblingserlebnisse.

---

18 Das Vegane Sommerfest findet ein Mal jährlich in Berlin statt. 2013 waren ca. 20 000 Gäste dort. http://www.veganes-sommerfest-berlin.de/

19 Der Vegan Street Day findet ein Mal jährlich in Dortmund und Stuttgart statt und hat mehrere tausend Besucher, Tendenz steigend. http://www.vegan-street-day.de

Hast du einen Traum, was du mit deiner Arbeit gerne erreichen möchtest?
Ich habe relativ bald nachdem ich vegan geworden bin gemerkt, dass es mir nicht reicht, einfach nur vegan zu sein. Ich will auch aktiv etwas tun, weil das so eine Riesen-Ungerechtigkeit ist, die da draußen jeden Tag abläuft. Es reicht mir nicht nur am Rande zu stehen und ab und zu mal ‚Buh' zu rufen. So ist bei mir schnell das Ziel entstanden, dass ich das Ende dessen, was wir heute als Massentierhaltung bezeichnen, noch selber miterleben will. Das ist so eine Art Lebensziel. Ich glaube, dass wir auch wieder zu einer Landwirtschaft hinkommen müssen, auf die die Menschen stolz sein können. Und ich glaube, wer heute Massentierhalter ist – und ich spreche ja auch mit einigen – der kann einfach nicht stolz auf das sein, was er tut. Ich spreche sogar mit Tierhaltern, die sagen, sie wollen mal die vegane Ernährungsweise ausprobieren. Ich denke, dass wir ohne Massentierhaltung nicht nur von diesem hohen Fleischkonsum wegkommen würden, sondern dass auch viele andere positive Dinge nebenbei entstehen würden, aber die habe ich mir nicht als persönliche Ziele vorgenommen. Mein Lebensziel ist es, an der Abschaffung der Massentierhaltung mitzuwirken und ihr Ende noch zu erleben. Und wenn ich noch zwei, drei Leben hätte, dann würde ich sagen, ich möchte, dass wir irgendwann in einer Gesellschaft leben, in der Fleischkonsum und diese ganze Tierausbeutung als ein Wahnsinns-System gesehen werden und nur noch die Kinder in der Schule lernen, was früher den Tieren angetan wurde.

Du hast gerade erzählt, wie du sehr schnell, nachdem du vegan geworden warst, auch etwas tun wolltest und hast von deinem Lebensziel gesprochen, das entstand. Aber wie kam es dazu, dass du selbst vegan geworden bist?
Also ich war schon immer dagegen, dass Tiere oder Menschen gequält und ausgebeutet werden, habe es aber durch mein Konsumverhalten unterstützt. Irgendwie war mir das auch klar, auch wenn ich mir immer versucht habe einzureden, dass das Fleisch, das ich jetzt gerade esse, doch vielleicht nicht aus der schlimmen Massentierhaltung kommt, die ich im Fernsehen gesehen habe und dass das sowieso nur die Ausnahme ist. Irgendwie wusste ich, dass das alles nicht in Ordnung ist. Aber ich habe mich einfach nicht an das Thema ran getraut, weil ich überzeugt war, dass das dann mit riesigen Opfern für mich selber verbunden

ist. Ich habe mich dann aber doch so intensiv mit der ganzen Thematik beschäftigt, dass ich irgendwann dachte: ‚Okay, ich versuche es mal vegetarisch.' In meinem zweiten Monat als Vegetarier habe ich mich gefragt, was eigentlich mit diesen Veganern los ist und habe mich zum ersten Mal dafür interessiert. Sehr schnell wurde mir dann klar, dass mein Verhalten ja gar nicht das bewirkt, was ich dachte. Ich dachte, ich habe jetzt alles gemacht, was man tun kann und dass keine Tiere mehr für mich sterben oder leiden müssen. Aber als ich dann erfahren habe, was in der Eier- und Milchproduktion abgeht, war schnell klar, dass es mir nicht reicht vegetarisch zu sein. Die Entscheidung, vegan zu werden, war wirklich so eine Kopfentscheidung vor dem PC. Ich hatte mir entsprechende Videos angeguckt und danach ad hoc entschieden: ‚So, jetzt wirst du vegan.' Im nächsten Schritt habe ich dann sofort nach Rezeptbüchern und dergleichen gegoogelt und hatte das Glück, dass schon meine erste Bestellung ein super Kochbuch[20] war. Für mich waren das damals einfach wahnsinnig viele Entdeckungen. Die Gemüseküche war für mich zu der Zeit – vielleicht mensa-geprägt – noch völlig unattraktiv. Als ich sie dann mit meinem guten Kochbuch selber ausprobiert habe, war ich von meinen ersten bewusst-veganen Gerichten völlig begeistert... Eigentlich essen die Menschen ja ständig vegan, ohne es zu wissen, aber ich habe eben zum ersten Mal bewusst vegan gekocht und dachte: ‚Wow, das schmeckt viel besser als die Sachen, die ich vorher gegessen habe und es ist viel gesünder und kein Tier muss mehr darunter leiden.' Ich glaube, das ist ein Aha-Erlebnis, wie es jeder hat. Inzwischen gibt es ja so viele tolle Vegan-Kochbücher, dass ich selbst schon nicht mehr hinterherkomme. Da kann man wirklich jeden Tag kochen und es wird nicht so schnell langweilig.

Du hast dich ja aus ethischen Gründen entschieden, vegan zu leben. Gab es bei dir in der Anfangszeit Rückfälle oder ist dir etwas sehr schwer gefallen?
Nein. Aber ich bin – auch in meinem Freundeskreis – als sehr konsequenter Mensch bekannt. Ich habe sogar alle meine Ledersachen weggegeben. Also ich habe überhaupt nichts dagegen, wenn Menschen

---

20 Dieses war sein erstes veganes Kochbuch: „Das große Kochbuch der vegetarischen Köstlichkeiten" von Herta Gal. Die Gerichte sind – trotz des „vegetarisch" im Titel – alle vegan. Es ist ohne Fotos, aber mit guten und leicht nachkochbaren Rezepten.

ihre Lederschuhe aus vor-veganer Zeit weiter tragen. Aber ich habe damals vor dem Computer gesagt: ‚Nein, das mache ich nicht mehr mit, ich bin jetzt Veganer, ich will da komplett raus und ich ziehe das jetzt von vorne bis hinten durch.' Und ich habe nie Lust bekommen, das noch mal rückgängig zu machen, und hatte auch nie Lust, noch mal Fleisch oder Käse oder so etwas zu essen.

Das klingt jetzt danach, als wäre es dir nicht sehr schwer gefallen, auch nicht am Anfang.

Ich dachte immer, dass es mir enorm schwer fallen würde… Bevor ich ausprobiert hatte vegetarisch zu leben, war vegan für mich von einer anderen Welt. Wenn man Gespräche führt, darf man auch nicht vergessen, dass es immer noch vielen Menschen so geht. Also ich wäre damals jede Wette eingegangen, dass ich niemals vegan werden würde. Aber es war dann tatsächlich sehr einfach für mich. Ich hatte ein gutes Gesundheitsbuch erwischt von Stephen Walsh, „Plant Based Nutrition and Health"[21] – inzwischen gibt es ja auch deutsche Bücher – und ich hatte das super Rezeptbuch. Damit war ich dann gut aufgestellt.

Hat das vegane Leben für dich irgendetwas, das du als Nachteil oder als schwieriger empfindest?

Nein. Das einzige, was mich manchmal ärgert ist, dass es unterwegs doch relativ schwierig ist etwas Vernünftiges zu essen zu bekommen. Ich bin nicht so der Mensch, der vor einer Reise großartig plant und sich diesen und jenen Proviant einpackt. Ich stehe stattdessen an irgendeinem Hauptbahnhof und bin auf mich gestellt. Da bin ich manchmal ein bisschen enttäuscht, dass sie in den Bäckereien oder bei den Dönerbuden oft gar nicht wissen, was vegan überhaupt bedeutet. Ich denke, das ist ein Phänomen, das in fünf Jahren eher in den Geschichtsbüchern stehen wird, weil sich das Thema rasant entwickelt und auch das Angebot rasant wächst. Aber in solchen Situationen komme ich immer ein biss-

---

21 Stephen Walsh: „Plant Based Nutrition and Health", herausgegeben von der Vegan Society in England. Inzwischen nur noch antiquarisch erhältlich. Alternativ bietet die Vegan Society „Becoming Vegan" von Brenda Davis und Vesanto Melina in einer Express-Version (mit 278 Seiten, https://www.vegansociety.com/shop/books/becoming-vegan-express-edition) und einer ausführlichen Comprehensive-Version (532 Seiten, https://www.vegansociety.com/shop/books/becoming-vegan-comprehensive-edition) an.

chen zurück auf den Boden der Realität. Mein Alltag ist ja eher von den ganzen Fortschritten geprägt. Wir bekommen immer wieder Feedback von Firmen, die wir überzeugen konnten ihr veganes Angebot auszuweiten. Wir hören von Menschen, die ihre Ernährung umstellen. Und so kriegt man dann schnell den Eindruck, dass in drei Monaten alles geschafft ist. (lacht)

Gibt es etwas am veganen Leben, das du als Vorteil oder als besonders schön empfindest?

Also mir gibt es einfach eine große Zufriedenheit. Das war für mich das Highlight schlechthin, als ich gemerkt habe, dass es mir durch die vegane Ernährung und Lebensweise möglich ist, meine ethischen Überzeugungen auch umzusetzen. Und es ist sogar einfach. Ich habe noch nicht einmal irgendwelche Verluste. Es ist nicht anstrengend oder teuer oder so irgendwas. Ich bin dadurch mehr ich selbst geworden.

Gibt es etwas aus deinen Erfahrungen, was du gerne weitergeben würdest, wenn dir alle Menschen für eine Minute zuhören würden? Etwas, das du ihnen gerne sagen würdest?

Ich würde ihnen wahrscheinlich so etwas in der Art sagen, wie das, was ich eben gesagt habe: Dass man mehr in sich schaut, was eigentlich die eigenen Überzeugungen sind und dass man nach Wegen sucht, diese Überzeugungen auch umzusetzen. Und dass man überrascht sein wird, wie einfach das teilweise ist, speziell bei der Ernährung. Ich würde den Leuten Mut machen, es einfach mal auszuprobieren. Denn genau dadurch, dass ich es damals nicht ausprobiert habe, hat es so lange gedauert, bis ich Veganer wurde. Hätte mir das jemand früher erklärt, wie einfach das alles ist, dann wäre ich schon viel länger als diese acht Jahre vegan.

Vielen Dank für das Interview, Mahi!

Jeder bringt sein Glaubenssystem mit an den Esstisch

(Foto von Dr. Melanie Joy:
Copyright Bert Willer, birdyfoto.de)

Dr. Melanie Joy ist Psychologie- und Soziologie-Professorin an der University of Massachusetts in Boston. In ihrem Buch „Warum wir Hunde lieben, Schweine essen und Kühe anziehen" analysiert sie die Mechanismen, die dazu führen, dass wir unser Mitgefühl und unsere Einschätzung von Tieren so ungleich verteilen. Sie hat den Begriff „Karnismus"[22] geprägt und hält weltweit Vorträge darüber. Ihre Organisation „Beyond Carnism"[23] setzt sich dafür ein, Karnismus bekannt zu machen und zu transformieren. Für ihre Arbeit wurde sie mehrfach ausgezeichnet. Melanie Joy lebt seit Mitte der 90er Jahre vegan.

Veganern wird ja teilweise unterstellt, dass sie extrem seien und – im Gegensatz zum Großteil der Bevölkerung – in Bezug auf Ernährung nicht objektiv. „Veganismus ist eine Ideologie" hört man dann. Ist das ein Vorurteil oder stimmt es?

Veganismus ist eine Ideologie, also ein System von Ideen und Überzeugungen. Aber das bedeutet nicht, dass Veganismus die einzige Ideologie ist, die es im Zusammenhang mit dem Essen von Tieren gibt. Wir neigen dazu, nur diejenigen Ideologien zu identifizieren und zu benennen, die nicht Teil der herrschenden Ideologie sind. Deshalb nehmen wir an, dass nur Vegetarier und Veganer ihre Überzeugungen mit an den Esstisch bringen. Aber die Wahrheit ist, dass es hier auch eine dominante Ideologie gibt. Sie wurde nur zuvor noch nie benannt.

---

22 Der Begriff „Karnismus" wurde von Dr. Melanie Joy geprägt. Er bezeichnet ein Glaubenssystem, das uns darauf konditioniert gewisse Tierarten zu essen. Der Begriff wird im Laufe des Interviews genauer erklärt.

23 Dr. Melanie Joy ist Gründerin und Präsidentin der Organisation „Beyond Carnism". Die Organisation hat es sich zur Aufgabe gemacht, über Karnismus aufzuklären und auf seine Abschaffung hinzuarbeiten. http://www.carnism.org/

Beispielsweise lernen wir in unserer Kultur, Schweine zu essen, aber keine Hunde. Wir haben also durchaus ein Glaubenssystem. Und dieses Glaubenssystem nenne ich Karnismus. Es ist die unsichtbare Ideologie, die uns darauf konditioniert, bestimmte Tiere zu essen und andere nicht – und es ist eine dominante Ideologie, das heißt, sie wird von allen großen gesellschaftlichen Institutionen vertreten und unterstützt. Wenn man beispielsweise Medizin studiert, studiert man karnistische Medizin. Wenn man Ernährungslehre studiert, studiert man karnistische Ernährungslehre. Veganer als die einzigen mit einer Ideologie zu etikettieren, ist eine sehr effektive Methode, die Stimmen derjenigen zum Schweigen zu bringen, die den Status quo in Frage stellen.

Weil man eine Ideologie nicht ernst zu nehmen braucht, sondern sagen kann: ‚Damit muss ich mich nicht auseinandersetzen'?'
Sobald man etwas als Ideologie bezeichnet, sagt man dadurch vor allem, dass es nicht mehr objektiv ist, sondern nur eine subjektive Sammlung von Ideen. Und nicht-dominante Ideologien so zu etikettieren, kann auch eine Methode sein, die Ideen derjenigen zu emotionalisieren und zu verwerfen, die die dominante Ideologie in Frage stellen.

Du hast in deinem erfolgreichen Buch „Warum wir Hunde lieben, Schweine essen und Kühe anziehen" den Karnismus identifiziert, benannt und ausführlich erklärt. Nun da er erkannt und beschrieben ist, glaube ich, dass es den Menschen auch bewusst werden wird, dass es eine Ideologie ist. Aber ein paar hundert Jahre lang haben wir das nicht bemerkt. Was führt dazu, dass wir etwas nicht als Ideologie identifizieren und was muss geschehen, damit uns klar wird, dass es eine Ideologie ist?
Nun ja, es gibt eine Reihe von Gründen, warum wir manche Ideologien nicht als solche wahrnehmen. Ein Grund ist, dass wir bei unserer gängigen Lebensart einfach nicht daran denken, nach Ideologien zu suchen. Die Menschen haben vor tausenden von Jahren damit begonnen, Tiere zu essen, um überleben zu können. Viele Menschen in unserer heutigen Welt essen Tiere nicht, weil sie es müssen. Sie essen Tiere, weil sie es wollen, weil sie sich dafür entscheiden – und sie bemerken nicht einmal, dass sie eine Wahl treffen, weil sie die Ideologie, die

diese Wahl lenkt und formt, nicht bemerken. Sobald ein Verhalten wählbar und nicht mehr länger überlebensnotwendig ist, bekommt es eine ethische Dimension, die es so zuvor nicht hatte. Das Verhalten überschreitet die Grenze von Notwendigkeit zu Ideologie. Das Überschreiten dieser Grenze dauert eine Zeit lang und wir suchen nicht nach solchen Prozessen. Ein weiterer Grund dafür, dass Karnismus und andere ähnlich strukturierte Ideologien unsichtbar bleiben – vielleicht sogar der wichtigere Grund dafür –, ist der, dass sie unsichtbar bleiben müssen, um weiterzubestehen und erfolgreich zu sein. Karnismus ist eine tief verwurzelte Ideologie, er ist institutionalisiert, in die Struktur unserer Gesellschaft eingewoben. Das bedeutet, dass er schwerer zu sehen ist, weil er zu unserer Lebensart wird, zu einer Gegebenheit, etwas, das einfach so ist. Aber er ist auch eine unterdrückende Ideologie und unsere innersten menschlichen Werte unterstützen keine Unterdrückung und unnötige Gewalt gegenüber anderen Lebewesen – egal ob Mensch oder Tier. Das heißt, dass Ideologien wie Karnismus in erster Linie mitfühlende, intelligente Menschen dazu bringen müssen, gegen ihre eigenen Grundüberzeugungen zu handeln und gegen das, was ihr eigener Verstand wählen würde.

Und das geht nur, wenn diese Ideologie unsichtbar und damit unentdeckt bleibt.
Ja, genau. Karnismus benutzt die Unsichtbarkeit als seine wichtigste Verteidigung. Er ist auf einer Reihe gesellschaftlicher und psychologischer Verteidigungsmechanismen aufgebaut, die unsere Wahrnehmung von Fleisch, Eiern und Milchprodukten verzerren, so dass wir sie weiterhin mit gutem Gewissen konsumieren. Der wichtigste Verteidigungsmechanismus des Karnismus ist Leugnung. Wenn wir leugnen, dass es überhaupt ein Problem gibt, dann müssen wir nichts tun. Diese Leugnung reflektiert und verstärkt die Unsichtbarkeit. Karnismus sorgt dafür, dass seine Opfer – die sogenannten Nutztiere – und auch die Ideologie selbst unsichtbar bleiben. Daher nehmen wir an, dass es Veganer und Vegetarier gibt und dann noch alle anderen. Wenn wir die Ideologie nicht sehen, können wir sie nicht hinterfragen oder anzweifeln, wir können nicht einmal über sie nachdenken.

Ich habe allerdings das Gefühl, dass sich hier etwas ändert. Glaubst du aufgrund deiner Erfahrungen, dass diese Unsichtbarkeit bröckelt?

Ja, ich beobachte tatsächlich, dass die Unsichtbarkeit als Verteidigungssystem destabilisiert wird. Ich glaube, dies hat zwei Ursachen: Zum einen die Anstrengungen vieler vegan lebender Menschen, das Bewusstsein für Veganismus, Nutztierhaltung und die Gesundheitsvorteile einer pflanzenbasierten Ernährung zu schärfen. Zum anderen der wachsende Einfluss des Internets, über das Informationen inzwischen sehr weit verbreitet werden, so dass viele Menschen heute zumindest die ungeheuerlichsten Praktiken der Massentierhaltung nicht mehr länger leugnen können. Und sie sind dagegen. Menschen empfinden Zuneigung und Verantwortung für Tiere. Deshalb sehen wir meiner Meinung nach heute, dass andere Verteidigungsmechanismen des Karnismus in den Vordergrund rücken, weil die bisherigen Verteidigungsmechanismen, Verleugnung und Unsichtbarkeit, bröckeln. Rechtfertigung ist ein solcher, zunehmend prominenterer Verteidigungsmechanismus. Es ist eine Methode, um die riesige Mythologie zu erhalten und weiter zu verbreiten, die rund um das Verzehren von Fleisch, Eiern und Milchprodukten konstruiert wurde. Alle diese Mythen folgen dem, was ich die drei „N"s der Rechtfertigung nenne: Tiere zu essen ist normal, natürlich und notwendig. Jetzt, wo die Unsichtbarkeit zusammenbricht, werden diese drei „N"s der Rechtfertigung immer prominenter. Als Folge davon entstehen neue Versionen des Karnismus, wie beispielsweise die Bio-Fleisch-Bewegung. Ich denke allerdings, dass das ein wirklich gutes Zeichen ist. Wenn die Tiere den Menschen nicht am Herzen liegen würden, gäbe es keine Rufe nach Veränderung. Aber die Menschen fühlen Verantwortung und wollen weniger Leid verursachen. Ich sehe diese Bio-Fleisch-Bewegung als Teil eines Werbefeldzuges der Tierindustrie, um Verbraucher dazu zu bewegen, auch weiterhin Tiere zu essen. Ich sehe sie als ein Element eines Verteidigungsschlags gegen den Veganismus, was zeigt, dass die vegane Bewegung tatsächlich an Dynamik und Stärke zunimmt.

Du hast gerade die Bio-Fleisch-Bewegung als neue Version des Karnismus angesprochen. Unabhängig vom Ruf nach Bio-Fleisch, gibt es auch Kampagnen, die für bessere Bedingungen in der Nutztierhaltung kämpfen. In der veganen

Bewegung stoßen solche Kampagnen nicht nur auf Unterstützung. Es gibt Menschen, die denken dass dies der falsche Weg ist. Wie denkst du darüber?

Ich denke, solange Karnismus nicht allgemein als Ideologie anerkannt ist, werden wir nie eine objektive Unterhaltung über das Essen von Tieren haben. Und wir müssen Objektivität in diese Gespräche bringen. Wenn also das Bewusstsein dafür, dass Karnismus eine Ideologie ist, besser etabliert ist, dann wird dies die Natur dieser Gespräche verändern. Die Frage ob man Kampagnen für bessere Bedingungen in der Nutztierhaltung unterstützt, wird dann so sein als wenn man heute fragt: ‚Wenn wir für bessere Bedingungen für Golden Retriever[24] in der Massentierhaltung arbeiten, würde das für dich akzeptabel sein?' Die meisten Menschen würden darauf mit ‚Nein' antworten, weil sie Golden Retriever grundsätzlich nicht in der Massentierhaltung sehen wollen. Die Menschen, die für Verbesserungen in der Massentierhaltung sind, glauben meist, dass diese Änderungen mit der Zeit die ganze Industrie zum Erliegen bringen werden. Wohingegen andere glauben, dass direktere Forderungen nach deren Abschaffung schnellere Veränderungen für die Tiere bewirken werden. Wir wissen nicht, welche Strategie effektiver ist. Ich persönlich und meine Organisation „Beyond Carnism" setzen uns nicht für bessere Bedingungen in der Massentierhaltung ein, weil ich glaube, dass das Problem nicht die Massentierhaltung ist, sondern alle Arten der Nutztierhaltung. Wenn wir keinen gesunden, sechs Monate alten Golden Retriever essen würden, nur weil wir den Geschmack seiner Oberschenkel mögen, dann können wir es nicht rechtfertigen, haargenau dasselbe mit jemandem einer anderen Art zu tun. Wenn wir aus dem System des Karnismus heraustreten, können wir erkennen, wie irrational es ist, überhaupt Tiere zu essen, wenn dies völlig unnötig ist. Ich glaube auch, dass die Forderung nach totaler, sofortiger Abschaffung auf der Annahme beruht, dass eine Ideologie frei von Psychologie sei. Aber selbst wenn unsere Ideologie moralisch mit unseren menschlichen Grundüberzeugungen übereinstimmt, so sind Menschen doch psychologische Wesen, die nicht über Nacht ihre Überzeugungen und Verhaltensweisen ändern. Um aber strategisch wirkungsvoll in unserem Anliegen zu sein und gleichzeitig die

---

24 Golden Retriever sind beliebte Familienhunde. Sie sind etwa so groß wie Schäferhunde und haben blondes (goldenes), mittellanges, glattes oder leicht gewelltes Fell.

Erfahrungen anderer zu achten, müssen die Fürsprecher des Veganismus diese Wahrheit mit in ihre Überlegungen einbeziehen.

Ich würde gerne noch mal zu der Psychologie unseres Verhaltens zurückgehen. Wie funktioniert das, dass normale Menschen ihren Hund lieben, außer sich sind, wenn in anderen Ländern Straßenhunde getötet oder Hunde gegessen werden und zur selben Zeit ihr Schweineschnitzel kauen, ihre Milch trinken oder eine Ledertasche kaufen? Wie wechselt man von der Liebe zu einem Tier zum Aufessen eines Tieres?

Man wechselt nicht. Man hat von Anfang an keine Verbindung zu den sogenannten Nutztieren, denn Karnismus erzieht uns dazu, unsere Aufmerksamkeit zu blockieren und unser Mitgefühl auszuschalten, wenn es um diejenigen Arten geht, von denen wir gelernt haben, sie als essbar einzuordnen. Daher haben wir hier keinen Zugang zu unserem natürlichen, kritischen Denken und unserem natürlichen Mitgefühl. Wenn es um diese anderen Arten geht, haben wir gelernt, einfach abgestumpft, gefühlstaub zu sein.

Hast du einen Traum, was du gerne mit deiner Arbeit erreichen würdest oder gibt es etwas, dass du gerne in dieser Welt verändert sehen würdest?

Ja, das habe ich. Ich glaube, wenn Karnismus allgemein anerkannt wird, so wird das die Art und Weise wie Gesellschaften über das Essen von Tieren denken und fühlen und sprechen dramatisch verändern. Und ich glaube, das wird es uns dann ermöglichen, objektiver über dieses Thema zu sprechen, das so viele, viele Jahre lang von Voreingenommenheit und Subjektivität durchdrungen war. Meine Hoffnung ist, dass wir durch die Beleuchtung des Karnismus ihm viel von seiner Macht nehmen. Nur wenn die Leute dazu in der Lage sind, aus diesem System herauszutreten und sich der Ideologie und ihrer Verteidigungssysteme bewusst zu werden, können sie ihre Verhaltensweisen frei wählen. Denn ohne Bewusstheit gibt es keine freie Wahl. Ich glaube, wenn das passiert, werden die Leute ganz andere Entscheidungen treffen und wir werden Nutztiere nicht länger als geeignete Opfer ansehen.

Für diese Entscheidungen müssen sie auch Alternativen zur Tiernutzung kennen, damit das Argument „es ist nötig" nicht mehr zählt.
Ja, genau. Sie müssen die Alternativen kennen. Ich glaube, dass es sehr wichtig ist, über Karnismus zu sprechen, weil die Leute so lange nicht „an Bord" kommen und eine Lösung unterstützen werden, solange sie nicht erkennen, dass es da überhaupt ein Problem gibt. Das letztendliche Ziel der veganen Bewegung ist nicht einfach die Abschaffung der Nutztierhaltung, es ist die Abschaffung oder Veränderung des Karnismus, des Systems, das die Nutztierhaltung überhaupt erst ermöglicht. Daher ist ein weiteres sehr wichtiges Ziel meiner Arbeit die Positionierung des Themas „Tiere essen" als einen Fall gesellschaftlicher Ungerechtigkeit. Denn Tiere zu essen ist nicht einfach nur eine Frage persönlicher Ethik – genausowenig wie dies beispielsweise der Besitz afrikanischer Sklaven war. Anzunehmen, dass letzteres nichts mit Rassismus zu tun hätte, ist absurd. Tiere zu essen ist das unausweichliche Endresultat eines zutiefst verwurzelten Unterdrückungs-Systems. Wenn wir die Ideologie nicht erkennen, sieht es aus, als wäre es nichts weiter als eine persönliche Wahl. Aber es ist ein ideologie-gesteuertes Verhalten. Das macht es sehr viel weniger zu einer persönlichen Angelegenheit als vielmehr zu einer gesellschaftlichen Frage.

Melanie, wie wurdest du selber vegan?
Wie so vielen Menschen, lagen mir Tiere immer am Herzen. Ich bin mit einem Hund aufgewachsen, den ich wie ein Familienmitglied geliebt habe und ich bin ebenso damit aufgewachsen, Tiere zu essen. Und auch ich selbst habe diese Verknüpfung nicht gemacht, dass beispielsweise das Schweinekotelett, das ich aß, einmal jemand gewesen war, der mindestens so intelligent und sich seiner selbst bewusst war wie mein Hund. Ich hatte all dies ebenfalls ausgeblendet. Dann habe ich 1989 einen Hamburger gegessen, der mit Campylobacter belastet war. Das sind Bakterien, die Lebensmittelvergiftungen hervorrufen, ähnlich den Salmonellen. Ich wurde schwer krank und landete im Krankenhaus. Als ich wieder gesund wurde, hat mich die Vorstellung Fleisch zu essen einfach nur abgestoßen. Also hörte ich damit auf. Tatsächlich hatte ich geglaubt, das würde nur vorübergehend sein. Aber als ich aufhörte Fleisch zu essen, öffnete ich mich – unbewusst – der Information, die die

ganze Zeit da gewesen war, direkt vor meiner Nase, und ich war sehr viel bereiter dazu, die Wahrheit über Nutztierhaltung zu lernen. Und was ich lernte, schockierte und entsetzte mich und führte dazu, dass ich mich entschied, ein bewusster Gegner dieses Systems zu werden. Ich wollte ein aktiver Teil der Lösung dieses Problems sein, nicht ein passiver Teil des Problems.

Das heißt, du wurdest dann sehr schnell zur Veganerin?
Ich wurde zuerst Vegetarierin. Tatsächlich hörte ich sofort auf, Fleisch – einschließlich Fisch – und Eier zu essen. Ein paar Jahre später hörte ich damit auf Milchprodukte zu essen und langsam auch damit Leder zu tragen und andere tierische Produkte zu verwenden. Die Veränderung war also in gewissen Teilen sehr plötzlich und in anderen Teilen langsamer. Was ich auch bemerkt habe, als ich damals aus ausschließlich ethischen Gründen vegan wurde, war, dass ich viel gesünder wurde. So lebe ich heute natürlich immer noch aus ethischen Gründen vegan, aber auch aus Gesundheits- und Umweltschutzgründen.

Warum hat es so lange gedauert, bis du auch auf Milchprodukte, Leder und andere tierische Bestandteile verzichtet hast?
Nun ja, weil ich die Verbindung nicht hergestellt habe, weil ich mir dessen nicht bewusst war. Wie so viele Menschen war ich der Meinung, dass es möglich ist, die Milch der Kühe zu nutzen ohne den Kühen zu schaden. Ich habe an den Mythos der glücklichen Kühe geglaubt. Und erst als jemand mir klar gemacht hat, dass das tatsächlich ein Mythos ist, habe ich gelernt, dass die Milch- und Ei-Industrie womöglich die brutalsten karnistischen Industrien sind. Danach habe ich keine Milchprodukte mehr gegessen.

Ist dir etwas besonders schwer gefallen bei dieser Umstellung? Vielleicht auch besonders am Anfang?
Was ich über die Milchindustrie gelernt hatte, hat mir klar gemacht, dass ich aufhören wollte Milchprodukte zu essen. Aber das war ein allmählicher Übergang. Zuerst habe ich aufgehört Milch zu trinken, dann habe ich keine Butter mehr verwendet und schließlich keinen Käse mehr gegessen. Ich habe versucht Milchprodukte sofort wegzulassen,

aber ich glaube, ich war einfach abhängig. Das war also eine gewisse Herausforderung für mich, aber offensichtlich habe ich sie gemeistert und ich habe es nie in Erwägung gezogen, wieder tierische Produkte zu essen. Es ist wie bei jeder Veränderung: wenn du dich daran gewöhnt hast, wird es zur Routine und sehr viel einfacher. Und die gute Nachricht ist ja, dass es heutzutage an vielen Orten der Welt einfacher als je zuvor ist, vegan zu leben.

Und viele Leute – selbst wenn sie noch Fleisch essen – sind interessiert und fragen, wie es funktioniert, vegan zu leben. Ich glaube, dass diese Neugierde ein erster Schritt zur Veränderung sein kann.

Auf jeden Fall. Ich meine, es ist wirklich aufregend zu beobachten, was heute in der Welt passiert. Ich bin in der sehr privilegierten Situation, dass ich rund um die Welt reise und auf Veranstaltungen zu vielen Menschen über Karnismus spreche. Und was ich sehe, ermutigt mich einfach und ich bin tief beeindruckt von den Veränderungen. Die Menschheit wacht auf. In Bezug auf dieses Thema wacht sie tatsächlich ziemlich schnell auf. Die Entwicklung ist atemberaubend, vor allem in Deutschland.

Es gab eine Zeit, in der menschliche Werte für uns nur in Bezug auf andere Menschen galten. Erweitern wir jetzt unseren Blick, so dass wir auch andere Wesen mit einschließen?

Ja, die Menschen beginnen Nutztiere in ihre moralischen Überlegungen mit einzubeziehen. Die Leute werden sich des Problems zunehmend bewusst und sind darüber besorgt. Und es liegt ihnen am Herzen. Ich meine, es gibt überwältigende Beweise dafür, dass den Menschen die Tiere, die Wahrheit und die Gerechtigkeit wirklich am Herzen liegen. Aber Karnismus ist auf unsere Gleichgültigkeit angewiesen und auf Täuschung aufgebaut. Wenn die Menschen sich dessen jetzt zunehmend bewusst werden, so nimmt ihre Unterstützung des Karnismus immer mehr ab und sie nähern sich dem Veganismus an. Diesen Wechsel beobachte ich an vielen Orten überall auf der Welt und das ist sehr aufregend.

Was sind für dich die Nachteile oder die schwierigsten Punkte als Veganerin?
Ich bin schon sehr lange vegan und für mich ist es nicht schwierig vegan zu sein. Es ist wie bei allem... da es noch nicht Mainstream ist, ist man nicht überall so gut darauf eingestellt. Ich reise ständig und muss daher ein paar extra Anstrengungen machen. Aber es funktioniert. Meine Mahlzeiten im Flugzeug sind meist sogar die besseren Mahlzeiten. Die Passagiere, die neben mir sitzen, wünschen sich immer, sie hätten auch das, was ich esse.

Was sind für dich die Vorteile oder die Dinge, die du am meisten genießt am veganen Leben?
Nun ja, ich glaube, man braucht eine Menge psychologischer Energie um blind zu bleiben gegenüber dem, was direkt vor unserer Nase ist und um sich selbst taub zu stellen – psychologisch und emotional – gegenüber der Wahrheit unserer Erfahrungen. Vegan zu werden, meine Augen und mein Herz zu öffnen für das, was in der Welt passiert, hat mich in die Lage versetzt, täglich zu wählen, wie ich mein Leben leben möchte. Unsere Essens-Entscheidungen sind mit die wichtigsten und häufigsten Entscheidungen, die wir treffen. In der Lage zu sein, meine Essens-Entscheidungen in dem Bewusstsein darüber zu treffen, was sie bedeuten und nach sich ziehen, war für mich sehr befreiend. Es hat mir einen völlig neuen Zugang zum Essen eröffnet. Kochen ist eine meiner Lieblingsbeschäftigungen. Und ich liebe es zu essen. Unsere Nahrung ist sehr symbolträchtig. Jetzt kann ich auch beim Kochen und Essen ganz ich selbst sein. Ich lebe mehr im Einklang mit meinen Werten und das fühlt sich gut an. Ich denke da auch an eine Aussage des Aktivisten Eddie Lama[25] hier in den Vereinigten Staaten, der gesagt hat, dass er weiß, dass Tiere immer noch leiden und sterben werden, obwohl er vegan ist, aber dass er nicht mehr der Grund dafür sein wird. Und das ist es was zählt. Ich glaube, entsprechend der eigenen Überzeugung zu leben, ist das Wichtigste, was wir tun können. Vegan zu sein ermöglicht es mir, das auf eine persönliche, umfassende und politische Weise zu tun – alles zur selben Zeit. Darüber hinaus tut es mir auch einfach auf kör-

---

[25] Die Geschichte von Eddie Lama ist verfilmt worden. Der englischsprachige Film kann auch online angesehen werden. http://www.witnessfilm.org/

perlicher Ebene sehr gut. Ich bin gerade 47 Jahre alt geworden[26] und die Menschen schätzen mich immer sehr viel jünger ein. Und ich bin heute gesünder als ich es mit Anfang 20 war, weil ich anders esse. Ich bin sehr dankbar dafür, dass ich mir darüber bewusst werden konnte was passiert und die Entscheidungen treffen konnte, die ich getroffen habe.

Wenn dir alle Menschen auf der Welt für eine Minute zuhören würden, was würdest du ihnen sagen?

Ich würde sie bitten, sich zu verpflichten, sich über Karnismus bewusst zu werden, über dieses unsichtbare Glaubenssystem, das ihre Vorlieben, Gefühle und Gedanken geformt hat und ihre Essens-Entscheidungen wie eine unsichtbare Hand geführt hat und bewirkt hat, dass sie gegen ihre eigenen Interessen und gegen die Interessen anderer handeln. Ich würde sie darum bitten, sich dieses Systems bewusst zu werden, so dass sie Entscheidungen treffen können, die widerspiegeln, was sie wirklich denken und fühlen und nicht, was sie gelernt haben zu denken und zu fühlen. Das ist es, was ich gerne sagen würde. Und ich würde die Leute auffordern, unsere Website[27] zu besuchen auf der sie mehr Informationen finden. Mit Bewusstsein kommt echte Wahlfreiheit. Und ich glaube an die angeborene Fähigkeit der Menschen, gerechte Entscheidungen zu treffen.

Melanie, vielen Dank für das Interview!

---

26 Das Interview wurde im September 2013 geführt.

27 Die englische Website der von Melanie Joy gegründeten Organisation „Beyond Carnism" ist hier: http://www.carnism.org/. Deutschsprachige Informationen zum Thema Karnismus gibt es auf der Website des Projektes „Karnismus erkennen", das von „Beyond Carnism" und dem VEBU (Vegetarierbund Deutschland) gemeinsam gegründet wurde: http://karnismus-erkennen.de/

Eine neugierige, positive Einstellung ist wichtig

(Foto von Sebastian Joy:
Copyright Vegetarierbund Deutschland e. V./ Kai Horstmann)

Sebastian Joy (ehem. Zösch[28]) arbeitet als Geschäftsführer beim VEBU, dem Vegetarierbund Deutschland[29]. Für seine erfolgreiche Kampagnenarbeit hat er bereits sechs internationale Marketing- und Medienpreise erhalten. Sebastian lebt seit zehn Jahren vegan.

Sebastian, der VEBU engagiert sich ja auch in der Politik und arbeitet mit Unternehmen zusammen, die ihr Angebot in Richtung vegetarisch-vegan ausweiten möchten. Das heißt, Gespräche mit Nichtveganern und Nichtvegetariern gehören zu deinem Alltag. Was trägt zu ihrem Gelingen bei?

Ich glaube, eine neugierige, positive Einstellung ist wichtig und dass man aufgeschlossen und höflich bleibt, auch wenn man die Fragen zum Veganismus schon zum x-ten Mal gehört hat. Man sollte sich bewusst machen, dass für ein erfolgreiches Gespräch oft nicht das ausschlaggebend ist, was man sagt, sondern wie man es sagt. Vielleicht ruft man sich auch ins Gedächtnis, dass die meisten von uns früher selber Fleischesser waren und einen gewissen Prozess hinter sich haben.

Gibt es bestimmte Fragen oder Vorbehalte, denen du in solchen Gesprächen häufiger begegnest?

Also ich bin jetzt schon zehn Jahre Veganer, da haben sich die Gespräche natürlich stark gewandelt. Früher dachte man, das geht irgendwie gar nicht, da kann man nichts mehr essen oder ist total

---

28 Sebastian hat im Oktober 2015 Melanie Joy geheiratet, die wir ebenfalls für dieses Buch interviewt haben. Bekannt ist Sebastian vielen Menschen noch unter seinem Geburtsnamen „Sebastian Zösch".

29 Der VEBU (Vegetarierbund Deutschland) wurde 1892 (ja, das ist kein Druckfehler!) gegründet. Mit knapp 14 000 Mitgliedern (Stand November 2015) ist er einer der größten und ältesten Interessenvertretungen vegetarisch und vegan lebender Menschen in Europa.

schwächlich. Meine Mutter befürchtete, dass ich dann ganz breite Kieferknochen kriege, weil ich immer so komische Sachen kauen muss. Klar gibt es noch die Sprüche: ‚Wo kriegst du denn dein Eiweiß her?' oder: ‚Ist das nicht teuer?' und so. Ich finde es aber erstaunlich, wie sich das in den letzten Jahren gewandelt hat. Früher hieß es eher: ‚Warum lebst du denn vegetarisch bzw. vegan?' Heutzutage hört man dann oft: ‚Ich ess' ja auch schon weniger Fleisch und wenn dann nur Bio. Soll ja besser für's Klima sein und für die Tiere. Ich hab' vor kurzem auch so eine Doku gesehen. Was die mit den Hühnern machen, ist ja wirklich schrecklich.' Der Rechtfertigungsdruck hat sich doch so ein bisschen von der veganen Seite zu der Fleischesser-Seite hin verlagert.

Dieses ‚Ich ess' auch nur noch ganz wenig Fleisch und wenn dann Bio' oder ‚Eigentlich hast du ja recht, aber ich selber könnte das nicht' kenne ich auch aus vielen Gesprächen mit Mischköstlern. Hast du eine Idee, woran das liegt, dass viele Menschen Massentierhaltung ablehnen und es ethisch besser finden, vegan zu leben, das aber für sich selbst nicht umsetzen? Und kann man da im Gespräch Hilfestellung bieten, damit diese Umsetzung klappt?

Ich glaube, im Rahmen dieser Frage ist es erst mal wichtig, dass man sich bewusst macht, wie weit wir schon sind. Oft denkt man ja: ‚Jetzt sind die Leute noch heuchlerischer, denn einerseits sehen sie's ein, aber machen's nicht.' Aber die Tatsache, dass sie anerkennen, dass es eigentlich besser wäre vegan zu leben, das ist schon mal ein guter Schritt voraus. Wenn man sich vorstellt, dass Leute ihre Katzen und Hunde streicheln und dann Schweine essen, ist das natürlich erst mal ein Widerspruch in sich. Aber es wäre ja viel schlimmer, wenn sie Hunde und Katzen auch essen würden, denn dann müsste man komplett von vorne anfangen. So haben wir aber einen guten Anfang. Das ist schon mal die Hälfte der Miete. Ich denke, was vielen Leuten schwerfällt, ist der relativ große Aufwand – also relativ… Es wird natürlich immer einfacher, aber je nachdem wie man lebt, ist es schon eine größere Umstellung, sich vegan zu ernähren. Und viele denken natürlich auch noch, dass es nicht lecker schmeckt. Wenn man diese Vorurteile entkräften kann, dann kann man echt was bewegen. Manchmal fehlen nur noch zwei, drei Informationen beziehungsweise Erfahrungen, um diesen Schritt zu wagen. Da kann man dann schauen, wo denn der Engpass ist. Das kann natürlich auch individuell verschieden sein. Vielleicht ist die Person Leistungssportler und kann es sich nicht vorstellen, ihren Leistungssport zu machen, wenn sie vegan ist. Oder jemand hat spezielle Krankheiten und denkt: ‚Ja gut, bei mir geht das nicht'. Auch Frauen mit Eisenmangel glauben oft, dass vegan dann nicht funktioniert. Oder Eltern meinen, dass sie es bei ihren Kindern ja noch nicht umsetzen können. Es ist wichtig, dass man einfach guckt, warum es bei den Leuten noch hakt.

Gab es bei dir Gespräche, von denen dir deine Gesprächspartner später erzählt haben, dass sie dadurch umgedacht und etwas geändert haben?
　　Ja, das hat man immer wieder. Andreas Grabolle, der mich im Rahmen eines Buches[30] interviewt hat, hat nach unserem Gespräch auch festgestellt: ‚Oh, so abgedreht sind die Veganer ja gar nicht.' Aber das habe ich während unserer Unterhaltung nicht wirklich gemerkt. Davon muss man sich als Veganer ein bisschen lösen, dass man ein Gespräch hat und die Leute einem direkt danach sagen: ‚Danke, dass du mir die Augen geöffnet hast und jetzt werd' ich vegan.' Man kann meistens nur Ideen pflanzen oder kleine Denkanstöße geben und mit gutem Beispiel vorangehen. Ich glaube, das bringt am meisten. Wohldosiert kann man auch schon mal ein bisschen piksen und einen Kommentar machen, bevor man jetzt nur in Harmonie schwelgt und sagt: ‚Naja, deines ist genauso gut wie meines.' Das ist ein schmaler Grat, denn man will einerseits tolerant sein, allerdings ist es halt ethisch oder was den Umweltschutz, Klimaschutz oder Tierschutz betrifft eben nicht das Gleiche, ob man vegan lebt oder Fleisch isst. Was auch immer hilft, ist etwas Infomaterial dabei zu haben. Wir beim VEBU bieten beispielsweise einen Schnupperkurs an und haben die Veggie Times, wo man mit guten Infos versorgt wird. Die habe ich auch immer in der Tasche. Bevor ich dann eine Grundsatzdiskussion anfange und mit irgendjemandem 20 Minuten die gleiche Unterhaltung führe, die ich schon 500 mal in meinem Leben hatte und die mir gar keinen Spaß mehr macht, kann ich auch sagen: ‚Wissen sie was, ich habe hier was Schönes dabei, lesen sie sich das mal durch. Da finden sie weiterführende Infos, von ökologischen Zusammenhängen über Rezept- und Restauranttipps bis zu Infos über unseren Schnup-

---

30 Andreas Grabolle „Kein Fleisch macht glücklich", Wilhelm Goldmann Verlag, München 2012

perkurs und welche Promis denn alle schon vegan leben.' Ich glaube, so kann man mit relativ wenig Aufwand schon viel erreichen.

Wie reagierst du, wenn dich Nicht-Veganer oder Fleischesser in solchen Gesprächen provozieren möchten?
Ich bleibe da einfach locker und humorvoll. Ich glaube, das ist das Wichtigste.

Gibt es auch Situationen, wo du ein Gespräch abbrichst oder Leute, mit denen du nicht redest?
Ja, ich glaube, das ist auch wichtig… Man sollte das machen, wie so ein amerikanischer Präsident auf Wahlkampf. Es macht ja keinen Sinn, ständig mit Leuten zu reden, die einen sowieso schon wählen. Es macht aber auch keinen Sinn mit Leuten zu sprechen, die sowieso gegen einen sind und die man sowieso nicht überzeugen kann. Wobei man da zumindest einen positiven Eindruck hinterlassen kann. Also ich sage zu niemandem: ‚Du bist mir zu doof, mit dir rede ich nicht mehr' und gehe weiter. Aber ich glaube, es ist am schlauesten, sich auf die Personen zu konzentrieren und da mehr Energie reinzustecken, wo man noch was erreichen kann. Natürlich kennen die meisten das auch, dass sie irgendjemand im nahen Umfeld haben, den sie nicht überzeugen können, Eltern, Partner oder der alte Schulkollege. Ich sehe das aber immer positiv. Es ist ja auch nicht gut, wenn man nur mit Veganern verkehrt. Wenn man ein paar Fleischesser in seinem Umfeld hat, kann das sogar nützlich sein, weil man dann immer wieder Leute um sich herum hat, die sozusagen die „Normale Welt" spiegeln und man nicht Gefahr läuft, dass man in seiner veganen Blase sämtlichen Bezug zur Realität verliert.

Der VEBU vertritt ja nicht nur Veganer, sondern auch Vegetarier. Kannst du noch etwas zur Hauptzielrichtung vom VEBU sagen?
Ja, Richtung ist das richtige Wort, weil wir weniger einen bestimmten Zustand vertreten, sondern eher eine Bewegungsrichtung hin zu mehr Pflanzlichem, mehr Veganem. Wir sagen nicht, es muss alles 100%ig vegan sein. Klar, wenn jemand schon Vegetarier ist, dann fragen wir, ob er jetzt nicht Milch und Käse weglassen und sich rein pflanzlich ernähren kann. Aber wenn wir mit einem Fleischkonzern zu tun haben,

freuen wir uns natürlich erst mal, wenn die langsam anfangen. Auch eine ganze Stadt kann ja nicht vegan werden, aber die könnten beispielsweise den Veggietag einführen. Nur ein vegetarischer Tag pro Woche wäre für einen Vegetarier natürlich ein Schritt in die falsche Richtung. Wenn aber eine Kommune, die normalerweise jeden Tag Fleisch isst, einen Tag bewusst kein Fleisch isst, dann ist das ein Schritt in die richtige Richtung. Das heißt, uns geht's eigentlich bei sämtlichen Individuen und Akteuren in der Gesellschaft immer darum, dass die Bewegungsrichtung stimmt, hin zu mehr pflanzlichen Lebensmitteln.

Du hast eben den Fleischkonzern erwähnt. Da gab es ja etwas Wirbel, als der VEBU sein Siegel an vegetarische Produkte eines Wurstherstellers vergeben hat. Kannst du dazu und zu den Gründen für diese Entscheidung noch was sagen?
　Ja, genau. Hier ist es natürlich auch wichtig, sich anzugucken, wo die Firma herkommt. Wenn jetzt Firmen, die schon seit 20 Jahren vegane Produkte herstellen, plötzlich sagen würden: ‚Oh, wir wollen jetzt vegetarische Produkte auf den Markt bringen', hätten wir das natürlich nicht unterstützt. Wie eben schon gesagt, kommt es uns auf die richtige Bewegungsrichtung an. Das Unternehmen, das du da ansprichst, hat in sechster Generation seit 180 Jahren Fleischwaren hergestellt. Da haben wir eine Chance gewittert. Wir hatten mehrere persönliche Gespräche. Ich war ja auch vor Ort. Dabei haben wir den starken Eindruck gewonnen, dass sie's wirklich ernst meinen. Die fangen jetzt erst mal mit vegetarischen Sachen an, die noch relativ viel Ei enthalten. Aber wir sind weiterhin am Ball. Sie haben jetzt auch neue Produkte auf den Markt gebracht, die nur noch zu ein paar Prozent „unvegan" sind. Und sie sind schon fleißig an der Entwicklung von veganen Produkten dran. Was natürlich auch wichtig ist, ist die Zielgruppe. Dieses Unternehmen spricht ja nicht Veganer an, sondern Leute, die Fleisch essen, die sozusagen Stammkunden bei ihnen sind und eben auch seit 20, 30 Jahren ihre Wurst essen. Die stellen jetzt plötzlich fest: ‚Ey, schau dir das mal an. Meine geliebte Marke fängt jetzt an vegetarisch zu machen.' Ich glaube, aus psychologischer Sicht ist es wichtig, dass man das Gewohnte aufbricht, dass die Leute merken: ‚Oh, 'ne Wurst muss ja gar nicht aus Fleisch sein…' Ich persönlich habe ihre Produkte noch nicht gegessen, weil ich vegan lebe, aber ich habe mir von vielen Leuten, die sie probiert haben, sagen

lassen, dass es so nah an Fleisch dran ist, dass man jeden Fleischesser damit überzeugen kann. Das ist für eine Bewegung einfach so viel wert. Das ist ungefähr so, wie wenn jemand ein Elektroauto hat, dass schneller und besser fährt als ein Auto mit Benzinmotor. Da werden neue Maßstäbe gesetzt. Das Unternehmen, mit dem wir da gearbeitet haben, ist in vielen Bereichen Marktführer und wird natürlich auch von anderen Fleischkonzernen beobachtet. Wenn die jetzt erfolgreich neue Produkte auf den Markt bringen, die fleischfrei sind, dann ziehen natürlich auch die anderen Hersteller nach, weil sie merken: ‚Oh Gott, uns schwimmen die Felle davon, in 20 Jahren isst kein Mensch mehr Fleisch.'

Wie hat denn die Zusammenarbeit mit diesem Unternehmen angefangen? Seid ihr auf sie zugekommen oder sie auf euch?

Also das war beides. Ich war mal bei einem Fleischkongress eingeladen, um einen Vortrag zu halten und bei einer Podiumsdiskussion dabei zu sein. Danach sind wir locker in Kontakt geblieben. Als sie dann mit dem Gedanken spielten, mehr und mehr vegetarisch und vegan zu machen, haben wir uns einfach mal zusammengesetzt und festgestellt: ‚Die meinen das richtig ernst, die sind Überzeugungstäter.' Die Unternehmensleitung denkt da wirklich der Umwelt zuliebe um und sagt: ‚Wir können nicht so weiter machen und so viel Fleisch essen, wie wir das jetzt tun.'

Sebastian, eine persönliche Frage: Hast du einen Traum, was du mit deiner Arbeit gern erreichen würdest?

Naja... die vegane Welt. Wir beim VEBU haben die Vision von einer Welt, in der die pflanzliche Lebensweise der gesellschaftliche Standard ist. Wir sagen nicht, 100% aller Menschen müssen Veganer sein – wobei wir das natürlich am besten finden würden – aber dass vegan in 50 Jahren der Standard ist, das ist unsere Vision. Und ich glaube, da sind wir auch ganz gut dabei, wenn man schaut, was sich momentan alles tut. Wir haben die vegane Messe „VeggieWorld"[31] mit ins Leben gerufen und mittlerweile gibt's die schon an fünf deutschen Standorten und

---

31 Die VeggieWorld ist eine Messe rund um vegane Produkte. Es gibt sie in Berlin, im Rhein-Main-Gebiet, in Hamburg, München, Düsseldorf, Zürich, Utrecht und Paris (Stand Oktober 2015). http://veggieworld.de/de

jetzt kommen auch noch drei Standorte im Ausland dazu. Wir haben die B12-Zahncreme[32] erfunden, die sich super verkauft. Wir haben das Projekt GV-nachhaltig[33], wo wir schon über 100 Schulungen mit Großküchen durchgeführt haben.

Hängt das mit dem zusammen, was auf eurer Website unter Vegucation steht?
Nein, GV-nachhaltig dreht sich um Großküchen. Bei Vegucation[34] geht's um die Kochausbildung, also um die nächste Generation von Köchen. Wir wollen ihnen vermitteln, dass Gemüse nicht nur Beilage ist, sondern es auch wirklich Leute gibt, die gar kein Fleisch mehr mögen. Dazu haben wir Unterrichtsmaterialien entwickelt. In Studien wurde auch gezeigt, dass viele Menschen deswegen nicht vegetarisch oder vegan leben, weil sie denken, dass es einfach nicht gesund ist – gerade was Kinder betrifft. Deshalb haben wir zusammen mit der Charité den Ärztekongress VegMed[35] ins Leben gerufen, der sehr erfolgreich ist. Und dann haben wir natürlich noch das Projekt „Karnismus erkennen"[36], wo es darum geht, über die Psychologie des Fleischessens aufzuklären. Das sind alles Projekte, die sich auch verselbstständigen. Wie auch VEBU Start-up[37], bei dem wir Existenzgründer unterstützen. Mein Ziel ist es, die vegane Bewegung weiter voran zu bringen. Es lässt sich schwer sagen,

---

32 „SANTE dental med Zahncreme Vitamin B12" wurde in Zusammenarbeit mit dem VEBU entwickelt. Vitamin B12 wird vom Darm, aber auch sehr gut durch die Mundschleimhaut aufgenommen. Vitamin-B12-Mangel bedroht nicht nur Veganer, sondern auch Mischköstler müssen auf ausreichende B12-Zufuhr achten.

33 „GV-nachhaltig" ist eine – vom VEBU initiierte – Beratungsplattform für die Gastronomie und unterstützt unter anderem mit Informationen und Schulungsangeboten. http://www.gv-nachhaltig.de/start.html

34 „Vegucation" ist ein EU-gefördertes, vom VEBU koordiniertes Projekt zur Bildung von Köchen und Caterern im vegetarisch-veganen Bereich. https://vebu.de/vebu-projekte/vegucation/

35 VegMed: Internationaler Kongress zu Medizin und vegetarischer Ernährung. http://www.vegmed.de/

36 „Karnismus erkennen" ist ein Projekt, das vom VEBU in Zusammenarbeit mit der von Melanie Joy gegründeten Organisation „Beyond Carnism" ins Leben gerufen wurde. http://karnismus-erkennen.de/

37 VEBU Start-up unterstützt mit einem Expertennetzwerk die Entwicklung veganer oder vegetarischer Geschäftskonzepte und hilft so Existenzgründern beim Start in die Veggie-Selbstständigkeit. https://vebu.de/vebu-projekte/existenzgruendung/

wann der Tipping Point erreicht ist, aber ich denke, dass sich in 20 Jahren 20 Prozent der Bevölkerung rein pflanzlich ernähren werden.

Ich würde gerne noch mal auf deine Einladung zum Fleischereikongress zurückkommen. Da könnte man ja auch erst mal meinen, dass das eine Provokation war. Wie bist du da drauf eingestiegen?
    Also ich habe mir darüber natürlich auch Gedanken gemacht. Aber auf so einem Kongress sind ja nicht nur Schlachthofbetreiber, sondern auch viele Händler und Hersteller. Denen habe ich gesagt: ‚Mit Wurst und vegan ist es so ein bisschen wie mit Elektroautos oder dem Atomausstieg. So wie Automobilkonzerne weiterhin Autos bauen können und Stromkonzerne weiterhin Strom erzeugen, können Sie ja weiterhin Wurst herstellen, aber stecken Sie halt keine Tiere mehr rein.' Ich hatte auch ein Plakat dabei, Fleisch 2.0, womit ich deutlich gemacht habe, dass das Fleisch der Zukunft komplett vegan und pflanzlich ist. Ich habe ja nichts gegen Fleisch, aber es müssen halt keine Tiere drin sein. Ich habe das ein bisschen ad absurdum geführt und diese eingefahrenen Gedanken aufgebrochen. Inzwischen gibt es ja auch viele Wursthersteller und Metzger, die fleißig Veggie-Würstchen verkaufen. So wie auch der Konzern, von dem wir vorhin gesprochen hatten, sich gedacht hat: ‚Klar, wir sind bekannt für unsere Teewurst, unsere Aufstriche, unsere Schinkenwurst. Aber wer sagt denn, dass wir da wirklich Tiere reinstecken müssen? Wenn wir diese Würste auch anders herstellen können, dann ist das doch genauso gut.'

Sebastian, du lebst seit zehn Jahren vegan, wie bist du dazu gekommen?
    Wie viele andere auch, hatte ich nicht das einschneidende Erlebnis. Ich fand Massentierhaltung nicht gut und habe mich auch ein bisschen für Buddhismus interessiert und so. Ich war dann erst mal ungefähr drei Jahre lang Vegetarier. Später habe ich ein paar engagierte Veganer kennengelernt, ein paar Texte von Peter Singer[38] gelesen und ein paar Videos gesehen und dachte mir: ‚Das machst du jetzt aber mal.' Dann bin ich auch gleich Aktivist geworden, habe mein Studium erst mal abge-

---

38 Peter Singer ist ein Philosoph, der sich unter anderem für Tierrechte einsetzt und 1993 Mitinitiator des „Great Ape Project" war, das Grundrechte für Menschenaffen fordert. http://greatapeproject.de/greatapeproject/

sagt und bin ein Jahr zu PETA[39] gegangen. Danach habe ich zwar doch noch einen Master drauf gemacht, aber immer mit dem Ziel, im vegetarisch-veganen Bereich etwas voranzubringen.

Gab's bei dir in der Anfangszeit als Veganer Rückfälle oder irgendetwas, das dir besonders schwer gefallen ist?
Dadurch, dass ich gleich als Aktivist zu PETA gegangen bin, war ich von Veganern umgeben. Da war das relativ einfach. Aber so manche Käsesorten haben mir schon gefehlt. Das war mit das Schwierigste. Damals gab's ja auch noch gar keinen veganen Käse.

Was hat dir dann da geholfen?
Ach, einfach nach Alternativen zu gucken und die Ernährung umzustellen. Manchmal denkt man auch: ‚Vielleicht war's ja eh nicht so gesund. Was gibt's denn für gesündere Sachen?' Es gibt den schönen Spruch ‚Crowd it out, don't cut it out.' Ich glaube, das ist ein guter Rat, dass man sozusagen die Sachen nicht aktiv weglässt, sondern dass sie einfach automatisch dadurch wegfallen, dass man so viele andere und bessere vegane Sachen isst. Man kann sich einen Teller vorstellen, von dem man nicht alles Nicht-Vegane wegnimmt – denn dann ist ja nur noch die Hälfte da – sondern auf den man einfach so viele vegane Sachen drauf packt, dass sie das Fleisch und andere nicht-vegane Produkte dann einfach wegschieben. Bildlich gesprochen.

Das ist ein schönes Modell. Wie sieht es denn jetzt nach zehn Jahren bei Dir aus, was ist heute für dich das Schwierigste oder der Nachteil daran, vegan zu sein?
Also ich glaube, das Schwierigste ist weniger das Essen, sondern eher das soziale Umfeld, weil meine Lebensweise ja doch immer wieder Gesprächsgegenstand ist – und wenn man's schon zehn Jahre macht, hat man auch nicht Lust, immer dasselbe zu diskutieren. Das kann ein bisschen einschläfernd sein. Aber wie gesagt: Da verteile ich dann einfach Literatur. Etwas schwieriger ist, dass man immer ein bisschen weiter

---

[39] PETA (People for the Ethical Treatment of Animals = Menschen für die ethische Behandlung von Tieren) ist eine gemeinnützige Organisation, die sich für Tierrechte einsetzt. http://www.peta.de/

vorausplanen muss, wenn man unterwegs ist. Aber oft kann man vermeintliche Schwierigkeiten auch positiv sehen. Beispielsweise hat man ja manchmal zu viel Auswahl an verschiedenen Sachen. Da ist es dann ein Vorteil, wenn man als Veganer ein bisschen weniger Auswahl hat und sich nicht so viele Gedanken machen muss. Oder es gibt beispielsweise bei irgendwelchen Konferenzen noch ein Stück Kuchen, das man natürlich als Veganer nicht essen kann. Dann isst man lieber einen Apfel statt den fettigen Kuchen und lebt dadurch auch gesünder.

Was ist für dich das Schönste oder der Vorteil daran, vegan zu leben?
Ich glaube, das Schönste ist für mich, einfach immer wieder Sachen neu zu entdecken und zu wissen, dass man seinen Idealen folgt, also dass man sich da nicht selber anlügen muss. Das Bewusstsein, dass man Teil der Lösung ist und nicht Teil des Problems. Man kriegt es ja bei den Fleischessern immer wieder mit, dieses ‚Ja, ich will's gar nicht wissen'. Also ich glaube, dass man da als Veganer einfach ehrlich zu sich sein kann.

Sebastian, wenn dir alle Menschen der Welt für eine Minute zuhören würden, was würdest du ihnen sagen?
Ohlala, da müsste ich länger überlegen bei all den Leuten... Eine Minute... Ich glaube, ich würde – zumindest bei den Leuten, die keine Hunde und Katzen essen – mal zum Nachdenken anregen wollen, aus welchen Gründen sie denn dann andere Tiere essen, die ja mindestens genauso empfindungsfähig und intelligent wie Hunde und Katzen sind. Ich würde ihnen vorschlagen, dass sie doch einfach mal dreißig Tage probieren sollen, wirklich vegan zu leben, mit offenem Herzen und offenem Geist, und danach selbst entscheiden, was sie machen.

Sebastian, vielen Dank für das Interview!

Brauchen starke Männer – und Frauen – Fleisch?

Wir haben gelernt, dass man für Muskeln, Kraft und Kondition tierisches Eiweiß braucht, dass Fleisch und Lebenskraft zusammengehören und Milch für Gesundheit und Fitness nötig ist. Man sagt uns, dass tierische Proteine für den menschlichen Organismus leichter zugänglich sind als pflanzliche und daher für Leistungssportler unabdingbar. Aber stimmt es?

Unser Interviewpartner **Patrik Baboumian** ist ein richtiges Muskelpaket. Über 100 kg bringt er auf die Waage, bei 1,71 m Körpergröße. In den Strongman-Wettbewerben, in denen er international erfolgreich ist, schiebt er unter anderem PKWs wie Schubkarren vor sich her oder trägt mehrere hundert Kilogramm auf seinen Schultern.
Patrik erzählt unter anderem, was mit seiner Leistung passierte, als er Vegetarier wurde und wie sich sein Gesundheitszustand verändert hat, seit er vegan lebt.

Mark Hofmann macht mit seinem Verein „Laufen gegen Leiden" auf die Leistungsfähigkeit vegan lebender Menschen aufmerksam und sammelt Spenden für Umweltschutz- und Tierschutz-Organisationen. Als Ausdauersportler nimmt er unter anderem an Ultra-Triathlon-Wettkämpfen teil, wo er knapp 4 km schwimmt, 180 km Rad fährt und 42 km läuft. Mark spricht über seine Regenerationsfähigkeit und wie er überhaupt erst als Veganer zum Laufsport kam.

Und natürlich sprechen beide auch über ihren Weg zum Veganismus und warum sie ihn – trotz sportlicher Ambitionen – eingeschlagen haben.

Ohne Fleisch hat sich die Leistung deutlich verbessert

(Foto von Patrik Baboumian: Copyright Deftigman Obscura, http://www.deftigmanobscura.com)

Patrik Baboumian ist erfolgreicher Kraftsportler. Viele nationale und internationale Rekorde hat er bereits aufgestellt – in Disziplinen wie Bierfass- oder Baumstamm-Stemmen. Er wirft auch schon mal mit Waschmaschinen, trägt Autokarosserien oder zieht Lastwagen. 2011 gewann er – als Vegetarier – den deutschen Strongman-Wettbewerb[40] und durfte sich stärkster Mann Deutschlands nennen. Seit 2013 hält er den Weltrekord im Yoke-Walk[41] über 10m, den er im September 2015 von 555 kg auf 560 kg steigerte. 2012 hat Patrik sein Psychologie-Studium abgeschlossen. Seit Ende 2011 lebt er vegan.

Du bist erfolgreicher Kraftsportler, ein richtiges Muskelpaket. Seit 2006 isst du kein Fleisch mehr und seit Ende 2011 ernährst du dich sogar ausschließlich pflanzlich. Hat dir schon mal jemand gesagt: ‚Du lügst, das kann nicht sein'?

Ja. Das sind aber fast ausschließlich Leute aus der Kraftsport-Szene. Die Fachmedien in dem Bereich transportieren einfach sehr massiv die Fehlinformation, dass tierisches Eiweiß dem pflanzlichen überlegen und für optimalen Muskelaufbau nötig sei. Ich hatte beispielsweise vor einiger Zeit mit den Medien Kontakt aufgenommen, um einen Artikel über meine Ernährung zu machen. Das ganze wurde dann blockiert, mit der Begründung, dass man nicht erst 20 Jahre lang eine Ernährung mit viel

---

40 Strongman ist ein Kraftsport-Wettkampf, bei dem es viele verschiedene Disziplinen gibt, in denen schwere Dinge gestemmt, geworfen, getragen, gezogen oder festgehalten werden, wie zum Beispiel Betonkugeln tragen, Lastwagen ziehen, Gewichte mit ausgestreckten Armen vor dem Körper halten, Autos umwerfen, etc. Es gibt nationale und internationale Meisterschaften.

41 Yoke-Walk ist eine Strongman-Disziplin bei der ein Gewicht auf den Schultern eine bestimmte Strecke weit getragen werden muss und dabei maximal 1 Mal abgesetzt werden darf.

tierischem Eiweiß propagieren könne, um dann den Leuten zu erzählen, dass Menschen wie ich existieren. Das ist erschreckend, aber so ist es. Das hängt einfach damit zusammen, wie sich diese Medien finanzieren. Im Endeffekt hat man auf jeder zweiten Seite eine Anzeige für Molkeprotein-Konzentrate und da kann man den Leuten nicht erzählen, dass sie das gar nicht brauchen, um Muckis zu bekommen.

Trotz kritischer Studien, die es inzwischen dazu gibt, und trotz lebender Beispiele wie dir, setzt die Lehrmeinung also noch auf tierische Proteine für Leistungssportler? Oder hast du das Gefühl, es bröckelt an ein paar Stellen?

So würde ich das gar nicht sagen. Es ist ja nicht so, dass Medien eine Lehrmeinung transportieren, sondern Medien filtern aus ganz vielen Informationen, die in der Welt existieren, etwas raus und geben das dann wieder, aber halt an ein ganz, ganz großes Zielpublikum. Wenn man sich mit Ernährungsphysiologen und anderen Fachleuten unterhält, merkt man, dass mittlerweile schon ganz viele Leute eine wesentlich differenziertere Meinung zu dem Thema transportieren. Es gibt zwar auch gewisse Vorteile, die tierische Nahrungsmittel haben, aber wenn man sich alles insgesamt anguckt, stellt man fest, dass für den Körper physiologisch eine pflanzliche Kost besser ist. Vor allen Dingen, wenn man mit in die Rechnung aufnimmt, auf welche Art und Weise wir heutzutage leben. Eine momentan relativ florierende Strömung ist ja die sogenannte Paläodiät, also die Steinzeitkost[42]. Es leuchtet natürlich ein, wenn man sagt, wir geben dem Körper das, worauf er eigentlich von Natur aus programmiert ist. Aber dann müssen wir den Körper auch so behandeln und mit ihm das machen, wofür er von Natur aus programmiert ist, nämlich rausgehen in den Wald, rumrennen, auf Bäume klettern und so weiter. Das macht heutzutage niemand und insofern ist diese Diät schon von Anfang an sozusagen ein Denkfehler.

---

42 Unter „Paläodiät" oder „Steinzeitdiät" wird eine Ernährungsweise verstanden, die der Ernährung unserer Vorfahren in der Altsteinzeit (= Paläolithikum) entsprechen soll, als sie noch Jäger und Sammler waren.

Du hast davon gesprochen, dass viele Fachleute inzwischen eine differenziertere Sicht auf dieses Thema haben. Das heißt, du bemerkst ein Umdenken in der Wissenschaft?
Ich weiß gar nicht, ob dieses krasse Gewicht auf tierische Produkte in der Wissenschaft überhaupt jemals vorhanden war. Ich glaube, das existiert nur in den Köpfen der Menschen. Natürlich gibt es immer Studien, die in die eine Richtung gehen und es gibt Studien, die in die andere Richtung gehen. Das ist ganz normal. Speziell bei Ernährung, wo eine ganze Industrie dahinter steckt, muss man auch bedenken, dass Studien nicht immer objektiv sind und muss deswegen mit Schlussfolgerungen ganz vorsichtig sein. Man kann nicht einfach jede wissenschaftliche Studie für bare Münze nehmen. Man sollte erst mal gucken: Wer hat die Studie geschrieben, wie wurde das Ganze finanziert? Wenn man dann feststellt, dass – ich sage es mal ganz plakativ – eine Molkerei eine Studie finanziert, die herauskriegt, dass Milch gut ist... ja, da kann man sich jetzt seine eigenen Gedanken dazu machen, ob das unbedingt so aussagekräftig ist.

Ich möchte gerne noch mal ein Stückchen in unserem Gespräch zurückgehen: Du hast vorhin gesagt, dass die pflanzliche Ernährung insgesamt besser sei, dass es aber auch Vorteile gäbe, die tierische Quellen hätten.
Ja, Milchprotein hat beispielsweise einen relativ guten Mix an Aminosäuren. Rein pflanzliche Ernährung scheint dem unterlegen, wenn man sich einzelne Proteinquellen gesondert anguckt. In dem Moment aber, wo ich zwei pflanzliche Quellen miteinander kombiniere, die sich gegenseitig ergänzen, habe ich dieses Problem mit dem Aminosäurenprofil nicht mehr. Also das sind sozusagen Argumente, die auf den ersten Blick zwar zu finden sind, die man aber problemlos dadurch lösen kann, dass man seine Ernährung mit etwas Cleverness konzipiert. Als Leistungssportler muss ich schon gewisse Dinge beachten, wenn ich mich rein pflanzlich ernähren will. Aber wenn ich das tue, dann ist meine Ernährung einer normalen Mischkost haushoch überlegen.

Woher hast Du deine Infos bekommen, als du vegan geworden bist?

Ich mach' den Sport ja schon seit fast zwanzig Jahren, das heißt, was ich grundsätzlich brauche, wusste ich auch vorher. Ich musste jetzt nur feststellen, welche Quellen ich verwenden kann. Das geht eigentlich relativ easy. Im Internet gibt es zig Seiten, die einem die kompletten Nährwerte von verschiedenen Quellen angeben. Und dann muss man eben gucken, wie komme ich auf das, was ich vorher hatte – nur eben jetzt auf rein pflanzlicher Basis. Bei mir hat das so zwischen drei und vier Wochen gedauert. Wenn man normal im Supermarkt einkaufen geht, ist außerdem noch das Studieren von Zutatenlisten angesagt. Speziell, wenn man es richtig machen will, muss man auch die ganzen E-Stoffe und so weiter[43] anschauen. Ich sag' es mal relativ anschaulich: Wenn ich eine pflanzliche Eissorte habe, wo Karmin[44] drin ist, sind das vielleicht nur ein paar Bruchteile von einem Gramm, aber es ist halt trotzdem nachher nicht vegan. Also wenn ich es richtig machen will, muss ich mir wirklich alles, was drin ist, angucken, und das erfordert zunächst einfach ein bisschen Zeit, bis man das alles so auf die Reihe bekommen hat. Aber nach diesen ersten drei bis vier Wochen wird es relativ unkompliziert.

Du hast 2011 in einem Interview mit PETA[45] gesagt, dass du eine extreme Leistungsexplosion erlebt hast, als du 2006 Vegetarier wurdest. Gab es bei der Umstellung auf vegane Ernährung ähnliche Erfahrungen?

Leistungstechnisch nicht, da ist alles so geblieben wie es war. Aber mein Wohlbefinden hat sich erheblich gebessert. Wenn man sich vegetarisch ernährt und – wie in meinem Fall – sehr, sehr viele Milchprodukte

---

43 Es gibt Aromen, Farbstoffe, Emulgatoren etc., die auf Basis tierischer Produkte hergestellt werden. Tierische Stoffe wie Gelatine werden auch als Trägerstoffe für Aromen (z. B. in Chips) oder Vitamine (beispielsweise in Säften) eingesetzt. Sie müssen nicht auf der Zutatenliste angegeben werden. Darüber hinaus gibt es auch Hilfsstoffe, die im Herstellungsprozess gebraucht werden, im fertigen Produkt aber nicht mehr enthalten sind und auch nicht auf der Zutatenliste auftauchen müssen. Beispiele sind Gelatine und Eiklar, die teilweise bei der Klärung von Rotwein und klaren Fruchtsäften eingesetzt werden. Im Zweifelsfall bringt die direkte Nachfrage beim Hersteller Gewissheit.

44 Karmin ist ein roter Farbstoff, der aus bestimmten Schildläusen gewonnen und sowohl bei Lebensmitteln als auch Kosmetikprodukten, wie z. B. Lippenstift, eingesetzt wird.

45 PETA (People for the Ethical Treatment of Animals = Menschen für die ethische Behandlung von Tieren) ist eine gemeinnützige Organisation, die sich für Tierrechte einsetzt. http://www.peta.de/

in der Ernährung hat, dann hat man ein Säureproblem, wenn man es nicht über extrem viel pflanzliche Kost ausgleicht. Mein Säureproblem war von einem Tag auf den anderen komplett weg. Meine Verdauung war wesentlich besser und ich habe mich auch insgesamt viel, viel besser gefühlt. Das ist jetzt neun Monate her[46] und ich war seitdem nicht ein einziges Mal krank, was für mich untypisch ist. Normalerweise bin ich alle zwei Monate mal ordentlich erkältet ...

Du hast mal gesagt, du fällst aus allen Rollen raus. Du bist sehr erfolgreicher Kraftsportler, hast 2012 dein Psychologie-Studium beendet und lebst vegan. Was sind so die typischen Vorurteile, denen du begegnest?
Also das, was die Leute sich am schwersten vorstellen können, ist halt immer wieder, dass man kein Fleisch essen muss. Aber da habe ich jetzt mittlerweile ein ganzes Repertoire von lustigen Antworten, die ich darauf geben kann, und dann funktioniert das schon ganz gut. Die beste Frage ist immer noch: Wie wird man so ein Ochse, ohne Fleisch zu essen? Und dann ist meine Gegenfrage: Welcher Ochse isst Fleisch? Was Vorurteile anbelangt, die in Richtung Sport und Intellekt gehen: So was erübrigt sich eigentlich nach zwei Sätzen. Manchmal sagen mir die Leute, dass sie überrascht sind und das irgendwie sympathisch finden, aber ansonsten spielt das eigentlich keine Rolle.

Wenn du deine Entwicklung vom Alles-Esser zum Veganer anschaust: Was waren deine Gründe, wie kam es dazu?
Als ich mich 2006 für den Vegetarismus entschied, war das einfach eine Auseinandersetzung mit mir selbst. Ich kann Tiere nicht leiden sehen. Wenn ich einen verletzten Vogel finde, wird er mit nach Hause genommen und aufgepäppelt. Irgendwann stellt man mit Erschrecken fest, dass alles, was man macht, vollkommen unlogisch ist: Wenn man ein Tier leiden sieht, versucht man zu helfen, geht dann aber in den Supermarkt und kauft Produkte, wofür Tiere sterben müssen. Ich habe dann von einem Tag auf den anderen Fleisch und Fisch aus meiner Ernährung gestrichen. Das ging sechs Jahre lang. Wobei ich mich zwischendurch, um 2009 rum, zehn Monate wieder ganz „normal" ernährt habe, weil ich mich damals unwohl gefühlt hatte und austesten wollte,

---

46 Das Interview haben wir im September 2012 mit Patrik geführt

ob es an der Ernährung liegt. Es hat sich aber in diesen zehn Monaten nichts geändert und ich bin dann wieder zum Vegetarismus geswitcht. Das Lustige ist, dass später, beim Schritt zum Veganismus, alle Probleme, die ich damals hatte, komplett weggefallen sind. Unter anderem hatte ich Konzentrationsprobleme und heute weiß ich, dass das an den massiven Mengen an Milchprodukten lag. Mir hatte als Vegetarier nicht etwas gefehlt, sondern ich hatte von etwas zu viel gehabt. In diesen ganzen Jahren hatte sich allerdings schon das Bewusstsein entwickelt, dass es eigentlich nicht reicht, was ich mache. Aber zum einen war ich so davon überzeugt, dass ich Milchprodukte brauche, um leistungsfähig zu bleiben, und zum anderen war ich von Kindheit an schon ein kompletter Milchfreak. Heute weiß ich, was ich mir damit über die ganzen Jahre angetan habe. Aber damals hatte ich einfach nicht den Glauben, dass ich es schaffen würde, den Veganismus durchzuhalten. Als ich dann 2011 – noch als Vegetarier – den Strongman-Titel gewonnen und eine Kampagne[47] mit PETA gemacht hatte, richtete sich eine unglaubliche Medienaufmerksamkeit auf mich. Mir schrieben plötzlich Leute, dass sie mich als Vorbild nehmen, um ihren Lebensstil zu ändern. Da kam ich in eine kleine Krise, weil ich im Grunde genommen ja die ganze Zeit nicht das gemacht hatte, was ich eigentlich für das Richtige gehalten hätte, nämlich vegan zu leben. Ich musste jetzt entscheiden, ob ich es auch weiterhin nicht mache, wenn unter Umständen da draußen ein paar Dutzend Leute durch mich beeinflusst werden. Das ging mir ein, zwei Tage im Kopf rum. Dann habe ich meiner Mutter gesagt: Ich will jetzt vegan werden. Daraufhin hat sie mich für verrückt erklärt. Dann habe ich es meiner Verlobten erzählt, die hat mich auch für verrückt erklärt. Sie mutmaßte noch, dass ich als nächstes eine Sturmhaube kaufen und Metzgereien überfallen würde. Das Lustige ist, dass meine Mutter mittlerweile selber fast Vegetarierin ist und meine Verlobte, die zu dem Zeitpunkt Mischköstlerin war, war drei Wochen danach Vegetarierin und ist mittlerweile auch vegan. Und wir haben immer noch keine Sturmhaube gekauft!

---

47 Zu dieser PETA-Kampagne gab es ein Poster. Es zeigte Patrik mit einem Büschel Basilikum zwischen den Zähnen und dem Spruch „Die stärksten Tiere sind Pflanzenfresser: Gorillas, Büffel, Elefanten und Ich." http://www.peta.de/baboumian#.VnPJf5PhDx4

Du hast gesagt, dass du in deiner vegetarischen Zeit mal ein paar Monate wieder auf Mischkost zurückgegangen bist. Gab es bei vegan auch so etwas?
  Nein, das geht nicht. Als Vegetarier schafft man das, aber... ich glaube, mir würde schlecht werden, wenn ich jetzt noch mal irgendwas tierischen Ursprungs vor die Nase gesetzt bekäme. Das hatte ich als Vegetarier gar nicht. Ich konnte damals auch problemlos an einer Metzgerei vorbeigehen. Mittlerweile ist es tatsächlich so, dass sich mir alle Nackenhaare hochstellen, wenn ich das rieche. Also das würde nicht mehr gehen, selbst wenn ich es wollte. Und ich will nicht. (lacht)

Hat das vegane Leben für dich irgendwelche Nachteile oder fällt dir etwas schwer?
  In der Anfangszeit war es eine Herausforderung, sich diesen Überblick zu verschaffen. Ich denke, das ist auch ein Punkt, der viele Leute davon abhält, weil sie sagen: ‚Da muss ich ja bei allem nachdenken, was ich so mache.' Wir leben einfach in einer Gesellschaft, wo wir gelernt haben, alles sehr bequem zu bekommen. Und das ist eben ein bisschen unbequem. Aber man muss sich vor Augen führen, dass es nur eine Phase ist. Das dauert ein paar Wochen und danach ist es dann wieder okay. Ich kann nicht sagen, dass mir irgendwas schwer fällt. Meine Verlobte kocht sehr gern und ich habe wirklich nicht das Gefühl, zu verzichten. Den besten Schokoladenpudding, den ich je gegessen habe, den habe ich erst bekommen nachdem ich Veganer war und sie mir einen aus Sojamilch gemacht hat. Was manchmal etwas umständlicher ist, ist das Ausgehen. Wenn man mit Freunden unterwegs ist, kann man sich nicht einfach in ein x-beliebiges Restaurant setzen. Das funktioniert nicht immer. Aber das empfinde ich persönlich als nicht so gravierend. Und mehr ist es eigentlich nicht.

Was findest du am tollsten daran, vegan zu sein?
  Also die genialste Erfahrung war eigentlich, dass man eine gigantische Bereicherung hat, was die Kreativität angeht. Es ist ja so, dass viele Leute bei veganer Ernährung erst mal an extrem eingeschränkte Ernährung denken und an extrem wenig Variationsvielfalt. Aber das Gegenteil ist der Fall. Ich esse jetzt ungefähr doppelt so viele Ingredienzien wie frü-

her, einfach weil ich so viele neue Sachen ausprobiert und so viel Neues gelernt habe.

Hast du persönliche Ziele oder Wünsche, Dinge oder Veränderungen, die du gerne sehen oder erreichen würdest – egal ob jetzt den Sport betreffend oder ganz andere Sachen?

Im Moment habe ich eine sehr bewegte Zeit hinter mir. Mein nächstes Ziel ist eigentlich, so ein bisschen Ruhe und Ordnung in mein Leben zu bringen. Und dann muss ich ganz ehrlich sagen, dass ich das Gefühl habe, im Moment genau das zu machen, was ich immer gewollt habe und was ich für sinnvoll erachte. Insofern denke ich momentan nicht so viel an Ziele, sondern versuche, voll im Jetzt zu sein und das, was ich tue, möglichst gut zu machen.

Wenn dir alle Menschen für eine Minute zuhören würden, was würdest du ihnen sagen?

… Ich würde fragen, ob sie zehn Minuten Zeit haben (lacht). Ja, also wenn ich wirklich die Chance hätte, dass mir die Welt komplett zuhört, dann würde ich wahrscheinlich mit der Minute nicht zurecht kommen. Aber wenn ich eine einzige Message hätte, dann würde ich den Menschen einfach sagen, dass sie sich nicht einreden lassen sollen, dass sie selber nicht zählen. Jeder einzelne Mensch kann etwas bewirken, kann etwas verändern auf der Welt. Ich glaube, das vergessen wir ganz schnell, weil wir denken, dass wir selbst zu klein sind, zu unbedeutend für die ganze Welt. Da gibt es einen sehr schönen Ausspruch vom Dalai Lama. Der geht so in die Richtung ‚Wenn du glaubst, zu klein und zu unbedeutend zu sein, um etwas zu bewirken, dann versuche mit einer Mücke in einem Raum zu schlafen.' Ich glaube, das bringt es auf den Punkt. Die Größe ist nicht immer das, was zählt… Ist die Minute rum? (lacht)

Ja, fast… Gibt es noch irgendetwas, was du gerne erzählen würdest, nach dem ich nicht gefragt habe?

Das Wichtigste, das Zentralste ist wirklich das, was ich eben gesagt habe: daran zu glauben, dass man selbst zählt, dass man nicht in der Masse untergeht, sondern dass man zählt. Außerdem habe ich noch einen Vorschlag, den ich gerne den Leuten mitgeben würde, die sich mit dem Gedanken auseinandersetzen, das mal ausprobieren zu wollen. Etwas, wovor ich selbst auch große Angst hatte und was, glaube ich, ein ganz großes Hemmnis darstellt, ist diese Vorstellung NIE WIEDER Fleisch oder NIE WIEDER Milch oder NIE WIEDER das und das. Das ist so eine Horrorvorstellung. Aber man kann es viel einfacher angehen indem man sagt: Hey, werd doch nicht vegan, mach das einfach mal zwei Wochen lang und guck was passiert. Das ist mein absolutes Totschlag-Argument, das ich für jeden habe, der mir sagt: Das geht doch gar nicht. Dann sage ich: Mach's einfach zwei Wochen lang. Danach können wir uns wieder treffen, dann können wir diskutieren. Ich kann nicht jemandem, der noch nie auf einem Fahrrad saß, erklären, warum Fahrradfahren schön ist. Ernährung ist etwas, das muss man selber machen, um es am eigenen Leib zu spüren.

Das war doch ein schönes Schlusswort. Patrik, vielen Dank für das Interview!

Erst als Veganer hatte ich diesen Bewegungsdrang und musste einfach laufen

(Foto von Mark Hofmann: Copyright Katharina Hofmann Fotografie)

Mark Hofmann ist Ausdauersportler. Als Amateur nimmt er unter anderem an Ultra-Marathons und Langdistanz-Triathlon-Wettkämpfen teil. Er hat den Verein „Laufen gegen Leiden"[48] gegründet, der Spenden für Umweltschutz- und Tierrechts-Organisationen sammelt und auf die vegane Lebensweise aufmerksam macht. Mark lebt seit 2011 ohne Produkte tierischer Herkunft.

Du bist veganer Ausdauersportler. Was war bisher für dich das Anstrengendste in deinem Sport?

Das war tatsächlich die ersten Schritte zu tun, also vom Nichtläufer zum Läufer zu werden. Obwohl es sich von Anfang an richtig angefühlt hat. Sehr anstrengend war auch 2014 der Ironman Triathlon[49] in Frankfurt, wobei die größte Herausforderung nicht der Wettkampf selbst war, sondern die Vorbereitung. In der Höchstphase war ich bei 18 Trainings-Stunden pro Woche, die ich noch neben Vollzeit-Lohnarbeit, Frau und Kind und Laufen gegen Leiden unterbringen musste. Der Ironman ist natürlich auch vom rein Sportlichen und Mentalen her beachtlich. Aber wenn man sich gut konzentriert, dann geht das.

Wie lange hast du für diesen Ironman gebraucht?

Ich habe zwölfeinhalb Stunden dafür gebraucht, weil ich es tatsächlich geschafft hatte, meine komplette Vorbereitungsphase in Frage

---

[48] Laufen gegen Leiden e.V. ist der erste vegane Laufsportverein Deutschlands. Das Ziel des Vereins ist es, durch sportliche Aktivitäten auf das unnötige Leid aufmerksam zu machen, das Umwelt, Tier und Mensch zugefügt wird. http://www.laufengegenleiden.de/

[49] Beim „Ironman" Triathlon werden folgende Distanzen zurückgelegt: 3,8 km schwimmen, 180,2 km Fahrrad fahren und 42,2 km (= Marathon) laufen.

zu stellen, indem ich am Tag vorher mit Badelatschen durch die Gegend gelaufen bin und mir die Unterseite meiner Füße so aufgerieben hatte, dass ich beim Marathon Blutblasen bekommen habe. Da musste ich dann zeitweise gehen, zum Teil auf den Außenseiten meiner Füße. Und als wäre das nicht schon genug Herausforderung, hatte ich mir ein Jahr vorher das rechte Schlüsselbein gebrochen und merkte noch Einschränkungen. Vor allem beim Schwimmen ist die Beweglichkeit des Armes ein Faktor. Und ich bin mit einem Ermüdungsbruch im Kreuzbein an den Start gegangen. In der Summe wurde das zu einer recht großen Herausforderung. Die Zeit? Naja, da werde ich dieses Jahr mal schauen, dass ich noch ein bisschen schneller unterwegs bin.

Warst du mit all diesen Handicaps dann das Schlusslicht?
Nein, nach zwölfeinhalb Stunden war ich noch im Mittelfeld.

Es existiert ja die Meinung, dass für Muskeln und Kondition tierisches Eiweiß nötig ist. Wird diese Meinung auch an dich herangetragen und wenn ja, wie gehst du damit um?
Als ich mit Laufen anfing und mich dann in zwölf Monaten von Null auf Marathon gebracht habe, da kamen tatsächlich Leute auf mich zu und meinten: ‚Ja, aber wie soll das denn gehen? Da fehlt doch was!' Aber im Laufe der Zeit ist das verschwunden. Ich glaube, ich nehme den Leuten diese Argumentation im Vorfeld weg. Ich bin zwar kein Übersportler, meine Zeiten sind absolutes Mittelmaß und ich breche keine Weltrekorde, aber ich mache es halt. Ich laufe Marathon[50], ich laufe Ultra-Marathon[51] und ich mache Ultra-Triathlon[52]. Ich habe es ja schon bewiesen, dass ich keine tierischen Produkte brauche. Was wollen sie denn da jetzt noch darauf rumreiten? Fragen kommen natürlich immer noch, aber die fußen eher auf tatsächlichem Interesse. Also: ‚Wo holst du

---

50 Marathon: 42,195 km laufen.

51 Ultra-Marathon: Läufe, die länger sind als ein Marathon. Ein bekannter Ultra-Marathon ist der 100 km Straßenlauf. Viele Ultra-Marathon-Läufe sind Landschaftsläufe, die keine einheitliche Länge haben und sich nach den Gegebenheiten vor Ort richten.

52 Ultra-Triathlon: Als Ultratriathlon wird die Ironman-Distanz bezeichnet (s. oben). Davon ausgehend gibt es auch Double Ultratriathlon, Triple Ultratriathlon etc., die jeweils ein Vielfaches der Ironman-Distanzen sind.

das und das her?', ‚Wie verhält es sich mit Vitamin x, y, z?', ‚Schmeckt Brokkoli wirklich so gut, dass man das anstelle von einem Steak essen kann?' Da hast du dann irgendwann dein Antworten-Repertoire, das auch belegbar ist. Und wenn man das Ganze dann einigermaßen sympathisch und mit einem Lächeln verpackt, kann man schon so einige Synapsen bei den Leuten in Bewegung setzen.

Wann hast du mit Laufen angefangen?
Das ist noch gar nicht so lange her. Ich glaube, 2010 oder 2011 waren die Anfänge. Ich hatte ein Schlüsselerlebnis bei mir in der Küche, wo ich vor einer tierfleisch-haltigen Mahlzeit saß. Da ist was ins Rollen gekommen, was mich sofort zum Vegetarier und wenige Wochen später zum Veganer hat werden lassen. Durch meine Ernährungsumstellung hatte ich auf einmal einen Energieschub und musste den irgendwie kanalisieren. Da hab' ich mit dem Laufen angefangen und das hat sich so gut und so richtig angefühlt, dass ich dabei geblieben bin. Dann ging es – wie gesagt – in zwölf Monaten von Null auf Marathon. Das hat mich erstaunt, obwohl ich schon immer relativ sportlich war – mit einer kurzen Auszeit. Ich habe früher Tennis und Fußball gespielt, immer in der Stamm-Elf. Aber Laufen fand ich doof und langweilig. Da war nix los. Es war immer nur ein Mittel zum Zweck, um fit zu bleiben. Nach dieser Ernährungs-Umstellung habe ich das Laufen auf einmal anders empfunden. Man ist da ja mit sich selber unterwegs, konfrontiert sich mit sich selbst. Und auf einmal war es mir eben nicht mehr langweilig dabei, meine eigenen Gedanken zu hören. Das interpretiere ich als etwas Positives.

Hast du eine Theorie wodurch dieser Wechsel kam?
Nein, keine Ahnung. War vielleicht irgendwie an der Zeit. Vielleicht hat es auch was damit zu tun, dass ich diese Umstellung hatte von ‚Ich begreife die Welt als meinen Supermarkt und greife überall rein, egal wie sich andere damit fühlen', hin zu ‚ich mache mir Gedanken und ich versuche bei meinem eigenen Konsum Gerechtigkeit walten zu lassen.' Veganismus hat meiner Auffassung nach nichts damit zu tun, dass man jemandem was Gutes tut oder Tiere rettet. Gezüchtet und geschlachtet wird mehr als je zuvor, obwohl die Leute vegan werden. Das wird momentan halt exportiert. Du rettest niemanden. Du verweigerst dich

einfach nur dem Konsum dessen, was sowieso schon reihenweise umgebracht wurde. Veganismus hat meiner Meinung nach etwas zu tun mit der Abwendung von einem Verhalten, zu dem du von Anfang an kein Recht hattest. Dafür gebührt dir keine Auszeichnung oder Dank. Ich glaube, wenn man von diesem Verhalten Abstand nimmt, passiert auch was im Geiste. Vielleicht wird man da einfach friedlicher, kommt mit sich selber ins Reine und kann dann auch seine eigenen Gedanken besser aushalten.

Du hast eben gesagt, dass sich nichts ändert, nur weil jemand vegan wird – oder auch weil ein paar Hundert oder Tausend vegan werden. Dann könnte man ja jetzt auch sagen: ‚Na ja, wenn sich eh nix ändert, dann kannst du dich ja auch einfach so verhalten wie alle anderen auch.' Was ist deine Motivation, dass du genau das eben nicht machst?

Vielleicht habe ich das ein bisschen zu rigoros gesagt. Natürlich keimt in mir eine gewisse Art von Hoffnung. Aber der Grund, warum ich es mache, ist nicht, weil ich denke, dass ich dadurch viele Tiere rette, sondern weil ich persönlich kein Teil davon sein will. Ich kann das niemandem zumuten, dass ich jemanden so behandele nur damit ich an seine Muttermilch komme oder an seine Haut oder weil ich die Beine von irgendeinem Baby[53] essen will. Das kann ich mit mir nicht vereinbaren. Und ich kann das auch meinen Kindern nicht vorleben. Es herrscht keine Not. Ich muss mir keinen Hunderücken[54] auf meine Kapuze nähen lassen. Ich muss keine Rinderhaut[55] an den Füßen haben und ich muss nicht Muttermilch[56] von jemand anderem trinken. Es geht anders. Und das ist es, was ich vermitteln möchte.

---

53 Fast das gesamte Fleisch, das gegessen wird, kommt von Tierkindern. Manche sind Halbstarke, manche Kinder, manche Säuglinge. Beispielsweise die Bezeichnung „Spanferkel" ist von dem alten Wort „spänen" (= „säugen") abgeleitet.

54 Die Fellbesätze an Kragen, Kapuzen und Mützen sind in der Regel Hundefell oder Katzenfell von Tieren, die meist unter furchtbaren Umständen lebten und umgebracht wurden. Da viele Menschen dies nicht mehr kaufen möchten, gab es sogar schon Fälle, wo echtes Fell als Kunstpelz falsch deklariert wurde.

55 Leder ist ein eigener Industriezweig, nicht nur ein „Abfall"-Produkt der Fleischindustrie. Ein großer Teil des Leders kommt aus Asien, wo auch extra dafür geschlachtet wird und wo Arbeitsschutz oft kaum vorhanden ist, so dass die Arbeiter in der Lederindustrie durch giftige Chemikalien und gefährliche Maschinen dauerhafte gesundheitliche Schäden davontragen.

56 Rinder geben – wie alle Säugetiere – nur Milch, wenn sie zuvor Nachwuchs geboren haben.

Du hast erzählt, dass du auch schon viel Sport gemacht hast bevor du vegan geworden bist. Kannst du sagen, ob sich da etwas verändert hat in Bezug auf Training oder deinen Körper?

Vergleichend nein, denn vor der Umstellung gab es ein paar Jahre Sport-Auszeit. Ich kann nur sagen, dass ich mich blendend fühle und leicht und so spritzig, wie man sich mit 39 fühlen kann. Und ich regeneriere erstaunlich schnell. Das ist jedes Mal eine freudige Erkenntnis. Es hängt natürlich damit zusammen, dass ich versuche meinem Körper Stress zu ersparen und eine falsche, schlechte Ernährung, die viele belastende Stoffe beinhaltet, ist eben Stress. Wenn man diesen Stress über die Nahrung ausklammert, hat der Körper mehr Ressourcen, sich der Regeneration zu widmen. Das spüre ich durchaus.

Hast du dazu ein plastisches Beispiel?

Ja, nehmen wir wieder den Ironman. Ich bin danach zu meiner Oma gefahren. Dort habe ich vor dem Schlafen noch meinen „Regenerations-Snack" genommen, also ein bisschen Kokoswasser getrunken und einen Chia-Pudding[57] mit etwas Zitrone gegessen. Am nächsten Morgen habe ich gefrühstückt und es ging mir so gut, dass ich einen Spaziergang gemacht und mich dann noch mit ein paar Leuten zum Essen getroffen habe. Die haben schon Witze gemacht: ‚Ja, bleib sitzen'. Normalerweise hast du nach einem Marathon immer schwere Beine und möchtest kaum Treppen gehen, aber das war überhaupt kein Problem. Ich bin aufgesprungen und hab' jeden freudig begrüßt, bin auch meine Stufen zur U-Bahn runter gegangen. Ich bin der Meinung, dass mir meine Ernährung bei der körperlichen und geistigen Erholung hilft. Und ich fühle mich gut und frei dabei.

Wie ist es denn dazu gekommen, dass du „Laufen gegen Leiden" gegründet hast?

Meinen ersten Marathon hatte ich meinem Opa gewidmet, der kurz davor gestorben war. Das mit dem Widmen war ein schöner Gedanke, der mich auch auf halber Strecke beflügelt hatte – ein inspi-

---

57 Für Chia-Pudding werden die Samen in eine Flüssigkeit gegeben, wo sie aufquellen. Meist wird dafür sogenannte Pflanzenmilch (offiziell „Drink" nicht „Milch") wie z.B. Reisdrink oder Haferdrink verwendet. Der Pudding kann mit Süßmitteln, Gewürzen und Obst verfeinert werden. Gekocht wird er nicht.

rierendes Element. Danach habe ich überlegt, wie ich jetzt weitermache. Ich habe dann im Internet eine Tierrechtsorganisation gefunden, bei der man eine eigene Spendenaktion erstellen und auch bewerben kann. Sie haben ein schönes Spendenbarometer: Wenn jemand was gibt, steigt es an und irgendwann sprüht es Funken, weil du das Spendenziel erreicht hast. Das fand ich apart gemacht und dachte, das motiviert vielleicht ein paar Leute – und mich auch. Also habe ich eine Spendenaktion erstellt und als Name „Laufen gegen Leiden" eingegeben. So ging das los. Ich konnte dann 580 Euro für diese Tierrechtsorganisation sammeln. Danach kam gleich die nächste Aktion. Für alle Spendenaktionen habe ich Tierrechtsorganisationen oder Organisationen aus diesem Umfeld als Empfänger gewählt – ob das jetzt Umweltschutzorganisationen oder Gnadenhöfe[58] sind – weil ich glaube, dass ich da einiges gut zu machen habe. Über 30 Jahre lang habe ich durch meine täglichen Entscheidungen viel Leid verursacht. Ich hoffe, jetzt wenigstens ein bisschen zurückgeben oder wieder gut machen zu können.

Seit Oktober 2014 ist „Laufen gegen Leiden" ein Verein. Wie ist aus deiner Ein-Personen-Initiative etwas Größeres geworden?

Die Spendenaktionen liefen über Facebook – wie alles heutzutage. Unsere Likes sind gestiegen und gestiegen. Immer mehr Leute hatten mich angeschrieben, wie toll sie das finden und ob sie da mitmachen können. Und ich habe ‚Ja' gesagt. Inzwischen haben wir auch eine Kooperation mit einer deutschen Firma, die unsere T-Shirts mit dem Laufen-gegen-Leiden-Logo fertigt. Die Materialien sind vegan, sie produzieren in Deutschland mit Rohstoffen aus dem deutschen oder aus dem nahen europäischen Umfeld. Da ist also nix mit Sweatshop[59] oder so. Das ist schon eine sehr schöne Sache. Ich krieg' dauernd Fotos von Leuten, die im sogenannten Laufen-gegen-Leiden-Läuferrudel[60] unter-

---

58 Auf Gnadenhöfen können Tiere, meist sogenannte Nutztiere, ein Leben frei von Nutzung führen, bis zu ihrem natürlichen Lebensende.

59 „Ein Sweatshop bzw. Ausbeutungsbetrieb ist eine abwertende Bezeichnung für Fabriken bzw. Manufakturen, üblicherweise in einem Entwicklungs- land, in denen Menschen zu Niedriglöhnen arbeiten." (Quelle: https://de.wikipedia.org/wiki/Sweatshop)

60 Außer der Vereinsmitgliedschaft kann man „Laufen gegen Leiden" auch dadurch unterstützen, dass man als Teil des Läuferrudels unverbindlich im „Laufen gegen Leiden"-Shirt an sportlichen Veranstaltungen teilnimmt und „Laufen gegen Leiden" als Vereinsnamen verwendet. Das Läufer-

wegs sind. Das sind große Zahlen. Dafür bin ich unglaublich dankbar. Der nächste Schritt war dann, ohne die Online-Portale zu arbeiten, denn die zwacken sich natürlich einen kleinen Obolus ab. Um selber Spenden sammeln zu können, brauchst du einen gemeinnützigen Verein. Also haben wir einen gegründet. Da kommen jetzt nach und nach die Leute und wir knacken bestimmt bald die 100-Mitglieder-Zahl. Wir freuen uns über jeden, der Lust hat seine sportlichen Aktivitäten mit einem guten Zweck zu verbinden. Ich bin auch immer gern bereit, Rede und Antwort zu stehen und alle Fragen zu besprechen.

Hast du ein Ziel oder einen Wunsch? Etwas, das du gerne verwirklicht sehen würdest oder selbst verwirklichen würdest?

Ein Ziel habe ich nicht. „Ziel" klingt nach Ankommen und das wäre das Ende von Bewegung und Veränderung. Aber ich fände es schön, wenn ich es schaffen würde, meinen Kindern mit auf den Weg zu geben, dass sie sich der Auswirkungen der eigenen Handlung bewusst sind. Ich hätte gerne, dass meine Kinder es schaffen, sich aus dieser ganzen Geschichte irgendwie auszuklammern. Ich will nicht, dass sie zum Außenseiter werden, aber ich möchte, dass sie das alles begreifen. Und ich möchte meine Kinder nicht anlügen. Mit dieser Frage hast du aber auch genau meine Achillesferse erwischt, ich weiß hier keine wirkliche Antwort. Die Bedrohung des Lebens auf unserem Planeten ist so immens. Die Welt geht drauf, das wissen wir, und keiner macht was dagegen, nur ein paar traurige Narren, aber nicht die Leute, die es tatsächlich in der Hand haben. Im Angesicht dieses drohenden Untergangs traue ich mich nicht, irgendwelche großen Wünsche zu äußern.

Vielleicht kannst du die Frage leichter beantworten, wenn ich sie anders formuliere: Wenn ich dir eine Fee zur Seite stellen könnte mit einem Zauberstab und einem Wunsch, wüsstest du, was du der Fee sagen würdest?

Wenn das noch nicht als Wunsch gelten würde, würde ich mir eine Viertelstunde Bedenkzeit erbeten.

---

rudel steht jedem offen, nicht nur Vereinsmitgliedern.
http://www.laufengegenleiden.de/#!lauferrudel/c6r3

Die kriegst du! Ich komme später noch mal darauf zurück. Du hattest vorher schon kurz angesprochen, dass du durch ein Schlüsselerlebnis zum Veganer wurdest. Gibt es dazu noch eine Vorgeschichte?

Eine Vorgeschichte nicht, aber ich kann dir gerne erzählen, was dieses Schlüsselerlebnis war. Ich saß in unserer Küche und habe irgendeinen Tiermuskel gegessen, der vor mir auf meinem Teller lag. Irgendwann habe ich inne gehalten und hatte fast eine außerkörperliche Erfahrung. Ich hab' mich gesehen, wie ich da sitze und drumherum sinnbildlich 10.000 Augenpaare, die mich angucken. Und ich konnte zu meiner Verteidigung nichts sagen. Ich war wirklich an diesem Punkt, wo ich das nicht rechtfertigen konnte. Ich stand da also völlig nackig und sprachlos – und das hinsichtlich einer Sache, für die jemand sterben musste. Das ist schon eine harte Nummer. Als dann meine Frau nach Hause kam, hab' ich ihr alles erzählt und zu ihr gesagt: ‚Du, pass auf, ich esse das jetzt nicht mehr.' Da sagte sie: ‚Ist in Ordnung, da mache ich mit.' So war der Schritt zum Vegetarismus getan. Ab da ging es sehr, sehr schnell. Ich habe mich mit der Tier-Industrie auseinandergesetzt und entdeckt, dass Kühe ja doch nicht gemolken werden müssen, weil ihnen sonst die Euter platzen, sondern tatsächlich auch nur Milch geben, wenn sie schwanger waren und ein Kalb geboren haben. Ich habe gelernt, wo die Legehennen herkommen und was mit den männlichen Hühnern passiert[61]. Ich habe gelernt, dass Fischfang Tierquälerei bedeutet[62], dass Menschen für bestimmte Kaffeespezialitäten Wildkatzen einsperren[63] und dass sie Tanzbären mit Nägeln motivieren. Ich habe über Zirkustiere und den

---

61 Männliche Küken der Legehuhn-Rassen werden direkt nach dem Schlupf geschreddert oder vergast, da sie sich für die Mast nicht eignen.

62 Wissenschaftliche Untersuchungen zeigen, dass Fische – genau wie Säugetiere – mit verändertem Verhalten auf Verletzungen reagieren und entsprechende Schmerz-Areale im Gehirn aktiviert werden. Unter anderem im Spiegel findet sich dazu ein Artikel, den man im Internet lesen kann. http://www.spiegel.de/spiegel/a-749108.html

63 Für den sogenannten „Katzenkaffee", bei uns meist „Kopi Luwak" genannt, werden Kaffeebohnen verwendet, die aus den Exkrementen des Fleckenmusangs, einer asiatischen Schleichkatzen-Art gewonnen werden. Ursprünglich wurden die Bohnen von wild lebenden Tieren gesammelt. Da das Geschäft mit dem Katzenkaffee aber sehr lohnend geworden ist, werden die meisten Tiere in der Kaffee-Produktion inzwischen gefangen gehalten, oft in kleinen Käfigen, in denen sie körperlich und psychisch erkranken. Hinzu kommt noch, dass viele von ihnen ausschließlich mit Kaffeebohnen gefüttert werden, was zu Mangelerscheinungen führt.

Lebendrupf[64] in meiner Bettdecke gelesen und über Seidenspinner, die für irgendwelche Krawatten verbrüht werden[65], die du dann in der Bank anziehst. Ich bin schier zusammengebrochen unter dieser Last der Informationen und dieser Schuld. Ich erinnere mich noch, wie dann der nächste Schritt zum Vegan-Sein kam. Ich war da gerade unter der Dusche, meine Frau kam ins Bad und ich hab' so hinter dem Duschvorhang zu ihr gesagt: ‚Du, ich hab' mich übrigens mal mit Kuhmilch auseinandergesetzt.' Die Antwort meiner Frau war: ‚Oje...', weil sie genau wusste, was jetzt kommen würde. Nach zwei, drei Gesprächen war sie aber wieder bei mir. Das war kurz bevor sie mit unserem ersten Kind schwanger war. In der Zeit hat sie es noch nicht ganz geschafft, dieses „hineingeprügelte Wissen" loszulassen, sondern hat noch hier und da mal ein bisschen Käse gegessen, weil sie dachte es geht wirklich nicht ohne. Aber seit der Geburt ist das auch durch. Nachdem die pflanzliche Ernährung da war, ging es dann in Richtung vegan. Also Schuhe aus Tierhaut fliegen raus, irgendwelche Seidensachen fliegen raus, Wollfilz fliegt raus und so weiter und so weiter.

Wie hast du diese Umstellung empfunden?

Das war für mich relativ beeindruckend, und ich bin selten von mir selber beeindruckt. Aber das war tatsächlich eine Entwicklung, die ja aus mir selber kam. Es war etwas Intrinsisches. Ich hab' nicht Earthlings[66] gesehen oder wurde in einer Diskussion damit konfrontiert oder so. Der Auslöser war tatsächlich ein eigener Gedankensprung, der da stattgefunden hat. Das ist für mich insofern interessant, als dass ich jetzt ausnahmsweise mal von mir auf andere schließe und denke, dass das also doch in einem drin zu sein scheint. Die Leute wissen oder ahnen es irgendwie. Man muss es nur herauskitzeln. Und da sind wir beim Mis-

---

64 Hierbei werden lebenden Tieren die Federn ausgerissen. Dabei werden – je nach Vorgehensweise – teilweise Hautstücke mit abgerissen und es kommt auch zu Knochenbrüchen.

65 Seide wird aus den Kokons der Seidenspinnerraupen gewonnen, in denen sich die Raupen zum Falter verpuppen. Da sie beim Schlupf ein Loch in den Kokon beißen und so den langen Faden, aus dem der Kokon besteht, zerbeißen würden, werden sie vorher getötet. Für 250g Seide sterben ca. 3000 Raupen.

66 Earthlings ist ein Dokumentarfilm, der den Speziezismus betrachtet und unseren Umgang mit den anderen Bewohnern dieser Erde. Unter http://www.nationearth.com/earthlings-1/ kann man auch die deutsche Fassung des Films ansehen.

sionieren. Nur so geht es. Wenn ich der Überzeugung bin, dass große Verfehlungen stattfinden, die ethisch-moralisch verwerflich sind... da fehlen mir die Worte... Diese ganzen Abnormitäten, das ist ja pathologisch. Das muss man aktiv angehen. Da kann man den Leuten nicht nur etwas vorleben. Nein, sprich Sie darauf an: ‚Entschuldigung, weißt du eigentlich, dass für deinen Kragen das und das passiert ist?' ‚Was? Nein, das ist doch Falschpelz.' ‚Nein, schau mal, da kannst du die Haut sehen.' Oder: ‚Weißt du eigentlich, dass Kühe nicht von alleine Milch geben?' ‚Was? Ich dachte....' ‚Nein, hör mal zu.' Deswegen ist es so wichtig aufzuklären. Ich spreche das offen aus. Ich werde nicht aggressiv, ich werde einfach nur deutlich.

Wie reagieren deine Gesprächspartner darauf?
  Also in 95 % der Fälle sind sie offen und geben mir auch recht. Was kann ich dann noch machen? Ich kann ihnen ja nicht die Wurstsemmel aus der Hand schlagen. Ich kann ihnen nur noch anbieten: ‚Wenn du Fragen hast oder wenn wir mal einkaufen gehen sollen, komm gerne zu mir! Das würde mich unglaublich glücklich machen.' Nur ganz wenige Leute schalten auf stur oder sagen: ‚Mit dem Idioten rede ich nicht mehr'. Naja, ich vertrete die Auffassung, je aggressiver die Reaktion ist, desto wunder der Punkt, den man getroffen hat.

Mark, ich möchte noch mal zurück zu deiner Umstellung auf vegan. Gab es etwas, dass dir am Anfang besonders schwer gefallen ist oder wo du noch mal eine Ausnahme gemacht hast? Und wenn ja, was hat dir da geholfen?
  Also Ausnahmen habe ich nicht gemacht. Was mir am Anfang schwer gefallen ist – und das tut es auch zum Teil immer noch nach all der Zeit – ist die Verfügbarkeit, wenn du unterwegs bist. Es ist schon besser geworden, du kriegst ja jetzt an jedem zweiten Döner-Stand auch irgendwas Veganes. Wenn du allerdings nicht nur satt werden willst, sondern dich wirklich gut ernähren möchtest, ohne Pommes und weiß ich nicht was, das ist unterwegs wirklich schwierig. Aber es gibt keine speziellen „Produkte" oder irgendwelche Sachen, die ich vermisst habe.

Hat das vegane Leben für dich einen Nachteil, außer den Schwierigkeiten unterwegs?

Naja, der Mensch ist ein soziales Wesen und wenn man ein Problem damit hat anzuecken oder ausgegrenzt zu werden, kann es Situationen geben, in denen man sich benachteiligt fühlen könnte. Beispielsweise kann es passieren, dass ich in meinem Beruf ein Mittagessen absagen muss, weil das in einem Steakhaus stattfinden soll. Bei mir kommt auch noch dazu, dass ich keinen Alkohol trinke. Das kann schon eine Herausforderung werden. Oder es wird mal Milchschokolade angeboten. ‚Nein, esse ich nicht.' Der nächste kommt und hat einen Windbeutel und ich sage: ‚Da ist Sahne drauf, esse ich nicht.' Dann folgt: ‚Guck mal hier, ein Müsli-Riegel, dann iss doch wenigstens den'. ‚Nein, da ist Honig drin'. Manche verstehen es auch nicht, denn ‚das ist doch was Gutes!' Ich sehe mich am Tag oft gezwungen, ‚Nein' sagen zu müssen. Das hat natürlich Auswirkungen.

Fühlst du dich dadurch jetzt schon manchmal ausgegrenzt?

Nein, gar nicht. Ich grenze mich selber aus. Ich habe auch privat eigentlich nur noch Kontakt zu Leuten, die meine Weltanschauung so grob teilen. Ich erwarte von meinem Bekanntenkreis eine gewisse Achtsamkeit und ich erwarte eine gewisse Empathie und ein gewisses Gerechtigkeitsbestreben, das Verständnis, dass wir bitte nicht an dem Ast sägen sollten, auf dem wir sitzen und dass wir einfach nicht das Recht haben, ohne Not jemandem den Schädel einzuschlagen. Wenn jemand nicht versteht, dass seine eigenen Handlungen Auswirkungen haben auf andere Personen oder Lebewesen, ganze Kontinente, das Klima oder auf das Roden von Wäldern, dann ist da keine gute Basis. Da müssen dann andere Sachen schwer überwiegen, dass man das kompensieren kann. Insofern habe ich auch kein Problem, mich sozusagen selber auszugrenzen.

Was ist für dich das Schönste oder der Vorteil daran, vegan zu leben?

Die Befriedung des Geistes. Ich lade keine weitere Schuld auf mich. Und so fühle ich mich vom Kopf her leichter und befreiter.

Wenn dir alle Menschen für eine Minute zuhören würden, was würdest du ihnen sagen?

Wahrscheinlich würde ich versuchen, den veganen Gedanken in diese Minute zu verpacken und außerdem an die Menschen zu appellieren, sich für Gerechtigkeit und Frieden einzusetzen. Ich glaube, Frieden für Mensch und Tier wäre mir das Höchste. Jetzt weiß ich auch den Wunsch für die Fee. Es wäre tatsächlich, dass die Leute das haben, was sie zum Leben brauchen. Nicht das, was sie glauben haben zu wollen, sondern das, was sie brauchen, ohne etwas vom anderen nehmen zu müssen, was ihnen nicht gehört. Das beinhaltet deren Haut, deren Leben, deren Familienmitglieder, deren Jungfräulichkeit, deren Glaube, das beinhaltet alles. Das würde ich mir wünschen – und dass darauf Frieden wachsen könnte.

Vielen Dank Mark für dieses Interview!

Funktioniert Vegan unterwegs?

Stimmt es, dass vegan zu essen eigentlich nur zu Hause möglich ist? Bekommt man als Veganer in normalen Restaurants tatsächlich nichts zu essen? Ist vegan auf Reisen praktikabel?

Nach unseren Interviews und unseren eigenen Erfahrungen scheint „Vegan unterwegs" tatsächlich der Part zu sein, der am meisten Planung benötigt. Deshalb haben wir in diesem Kapitel auch mehr Interviews als in den anderen Kapiteln.

Wir haben mit vier Menschen gesprochen, die viel unterwegs sind.

Angela Gossow war von 2000 bis 2014 Sängerin der Death Metal Band „Arch Enemy". Auf ihrer Welt-Tournee 2011/2012 haben sie über 150 Konzerte gespielt und waren 24 Monate unterwegs. Wenig Zeit, um zu Hause gemütlich vegan zu kochen. Wie es trotzdem funktioniert – und zwar sogar ganz ohne Soja-Fertigprodukte – erzählt das gesundheitsbewusste Energiebündel.

Mille Petrozza ist Sänger und Gründungsmitglied der Thrash Metal Band „Kreator". Auch „Kreator" sind international erfolgreich und oft auf Tournee.

Heino Nölke ist als Veranstaltungstechniker stets unterwegs und auch körperlich schwer arbeitend. Die nächste Frittenbude mit Würstchen ist immer um die Ecke. Aber vegan? Wir kennen Heino auch privat und erinnern uns noch gut, wie er uns erzählt hat, dass vegan in seinem Beruf nicht funktionieren würde. Nun lebt er seit einiger Zeit plötzlich doch vegan – zumindest meistens. Wie konnte das geschehen? Wie funktioniert es und wo funktioniert es nicht? Im Interview erzählt er von seinem persönlichen Wandel und der Praxis unterwegs.

Justin P. Moore ist weltweit mit dem Rucksack unterwegs. Auch er schafft das vegan. Wie macht er das? Im Gespräch nimmt er uns mit auf seine Reisen.

Wenn man einfaches Essen mag, ist vegane Ernährung auf Reisen kein Problem

(Foto von Angela Gossow:
Copyright Christian Voecks)

Angela Gossow war von 2000 bis 2014 Sängerin der Death-Metal-Band „Arch Enemy"[67]. Seit 2008 ist sie auch deren Managerin. „Arch Enemy" sind international erfolgreich. Auf ihrer 24-monatigen Welt-Tournee 2011/2012 haben sie weltweit über 150 Konzerte gespielt. 2014 hat Angela als Sängerin aufgehört, managt aber weiterhin die Band. Wir haben sie im August 2012 interviewt. Zu diesem Zeitpunkt lebte sie seit drei Jahren vegan. Seit 2013 ist sie nicht mehr strikt vegan. Deshalb haben wir noch ein zweites Interview geführt und einen Nachtrag geschrieben, der direkt im Anschluss an dieses Interview steht.

Angela, ihr seid sehr erfolgreich und weltweit auf Tournee. Und du bist Veganerin. Vegan unterwegs, wie gut oder schlecht geht das?

Es kommt natürlich darauf an, was man für Ansprüche hat. Wenn man täglich ein Drei-Gänge-Menü haben will, wird es wahrscheinlich schwierig. Aber wenn man, so wie ich, mit einer Backkartoffel, einem Hummus-Dip[68] und geschnittenen Gemüsestäbchen happy ist, dann kommt man gut zurecht, weil das eigentlich jeder kann. Wir sagen natürlich auch den Promotern und Clubs, dass ein Veganer dabei ist. Ich esse zum Beispiel auch kein Soja, das muss man immer dazu sagen, sonst kriegt man Sojawürstchen und Tofu und so was. An den freien Tagen sehe ich zu, dass wir irgendwo anhalten, wo ich entweder einen Salat bekomme und eine Kartoffel, oder wo ich in den Supermarkt gehen und

---

67 Arch Enemy: http://www.archenemy.net/

68 Hummus (auch Humus oder Homous geschrieben) ist ein traditionelles Vorspeisen- oder Hauptgericht. Es besteht vor allem aus Kichererbsenpüree, das mit Sesampaste, Zitronensaft, Olivenöl und teilweise weiteren Zutaten vermengt wird.

mir Essen einkaufen kann. Wenn man gutes, einfaches Essen mag, ist das überhaupt kein Problem, finde ich.

Wie sieht es mit Proteinen aus? Du hast gerade gesagt, du isst kein Soja. Ist es schwierig für dich, genug Protein zu bekommen?
Nein, Proteine sind zum Beispiel ganz viel in Amarant, Nüssen, Mandeln, Getreide, Hülsenfrüchten. Ich esse zum Beispiel sehr gerne Erbsen. Blattgemüse hat ziemlich viel Protein. Wo kriegt denn der große starke Ochse sein Protein her? Aus dem Gras. Wenn man ausgewogen isst und nicht nur weiße Pappbrötchen, dann bekommt man genug. Und der Mensch braucht auch gar nicht so viel, wie die Leute immer glauben. Die meisten übersäuern ihren Körper total, weil sie zu viel Protein essen. Das ist dann regelrecht giftig.

Du hast vorhin gesagt, dass du kein Soja isst. Warum?
Soja ist teilweise genmanipuliert, und um so ein Würstchen zu machen, wird es stark industriell verarbeitet. Da ist von der Sojabohne nachher nicht mehr viel übrig, das ist ein Kunstprodukt. Und natürlich ist ein Riesen-CO_2-Footprint mit dabei. Es wird industriell hergestellt, eingepackt in Plastik, über lange Strecken transportiert, teilweise eingeflogen. So ein Apfel, der vom lokalen Biobaum kommt, hat einen ganz kurzen Weg und einen sehr kleinen Umwelt-Footprint. Bei mir kommt eben noch dazu, dass ich nicht nur Veganerin bin, sondern extrem gesundheitsbewusst. Ich bin Vollwertköstlerin und esse achtzig Prozent roh. Dementsprechend achte ich sehr darauf, dass meine Nahrung so naturbelassen ist wie möglich.

Kocht ihr dann auch selber in eurem Tourbus?
Ich habe einen Wasserkocher mit einem glatten Heizboden, da drin koche ich mir teilweise Sachen – ein bisschen wie Campingkochen. Zum Beispiel Linsen, diese kleinen Beluga-Linsen sind in zehn Minuten fertig. Das Ding hab' ich immer mit, weil ich oft auch nicht essen gehen will oder weil ich da nichts finde außer einem total öden Salat und irgendwelchen weißen Pizzabrötchen. Deshalb koche ich auch auf Tour meistens selber oder frage dann halt nach sehr, sehr einfachen Lebensmitteln, wo ich sehe, was drin ist. Ich reagiere beispielsweise sensitiv auf

Geschmacksverstärker und solche Sachen, kriege da schon mal Ausschlag von. Deswegen esse ich kein Chinesisch. Auch viele asiatische Fast-Food-Gerichte sind voller Geschmacksverstärker. Und darauf habe ich keinen Bock. Und manchmal ist Fischsoße drin und man merkt es nicht und all so was. Im Prinzip möchte ich meine Nahrung ohne irgendwelche Zusätze haben.

Nimmst du dann auch Proviant mit?
Ja, ich nehme ein paar Sachen mit, zum Beispiel Hirse. Ich esse total gerne Hirse. Das ist meist mein Frühstück, zusammen mit Bananen und anderen Früchten. Agavensirup habe ich dabei, weil ich damit süße. Frisch gemahlene Vanille, eine Tüte Amarant, eine Packung Linsen und Reis. Davon habe ich praktisch einen Anfangsvorrat dabei, weil man die ersten ein, zwei Tage oft gar nicht dazu kommt, was einzukaufen. Im Laufe der Tour gibt's ein Catering. Da kriege ich Obst und Gemüse. Einige Sachen bringe ich auch mit, weil ich weiß, dass ich das auf Tour nicht oder nicht überall kriege, wie Leinsamen und Chiasamen, Hanfpulver – das ist übrigens sehr, sehr proteinreich – oder Maca-Pulver, das gibt mir total viel Energie. Morgens esse ich einen Löffel Heilerde, damit ich schön basisch bin. So ein Drittel meines Koffers ist voller Essen, das stimmt natürlich. Aber auch nur, weil ich gewisse Vorlieben und Rituale entwickelt habe und sehr auf meine Ernährung achte. Wer nicht so gesundheitsbewusst ist wie ich, hat's natürlich einfacher als Veganer.

Sprechen dich auf Konzerten auch schon mal Fans darauf an, dass du Veganerin bist? Also sowohl negativ als auch positiv?
Positiv auf jeden Fall, ja! Vegetarier oder Veganer sagen mir eigentlich immer, dass sie das toll finden, dass ich so offen damit umgehe und dass ich das auch gesund vorlebe. Das Gute ist natürlich, dass ich auch sehr, sehr fit bin. Wenn ich jetzt kränkeln und ständig ausfallen würde oder einfach irgendwie dünn und blass aussehen würde, dann wäre das natürlich ein Problem. Dann würden die Leute sagen, deine Ernährung scheint ja irgendwie nicht zu funktionieren. Aber ich lebe das ja positiv vor. Ich bin sehr stark und halte ein extremes Leben aus, ohne jemals krank zu sein.

Du setzt dich auf der Bühne und privat ja nicht nur für Veganismus, sondern auch für andere Sachen ein. Welche Themen sind dir am wichtigsten?

Ganz klar Umweltschutz, Tierschutz und Menschenschutz. Das sind quasi die drei wichtigen Themen. Ich habe mich ja bei Amnesty International engagiert und bei einigen kleineren Tierschutzorganisationen. Ich unterstütze zum Beispiel Djurens Rätt, eine kleine schwedische Tierschutzorganisation, die sehr transparent ist. Bei Amnesty International weiß ich, dass das halt die wichtigste Organisation ist. Die zu unterstützen ist auf jeden Fall nicht verkehrt. Ansonsten bin ich mehr für kleinere Organisationen. Je größer eine Organisation wird, umso mehr Korruption kann sich einschleichen. Menschenrechte, Tierrechte und Umweltschutz sind die drei Themen, die die Welt bestimmen und mit Selbstverantwortung und Verantwortung für das Gegenüber zu tun haben. Mein Gegenüber sind nun mal Menschen, Tiere und Pflanzen, die Natur quasi. Damit beschäftige ich mich schon sehr. Das ist für mich ganz selbstverständlich, weil ich ja in dieser Welt lebe. Was ich der nächsten Generation überlasse, hat auch viel mit mir zu tun. Ich nehme einfach diese Verantwortung an. Ich wundere mich immer, dass so viele Leute das nicht tun. Dass so viele Leute zum Beispiel nicht darüber nachdenken, dass sie alles in Plastik verpacken, ständig Plastiktüten annehmen und nicht mal ihre eigenen Tragetaschen mitbringen können. Dass sie Produkte konsumieren, ohne darüber nachzudenken, wo sie herkommen. Dass sie Kleidung tragen, die in irgendwelchen Sweatshops[69] produziert wird, wo Menschen dafür gequält werden. Man kann ja so viel tun als Konsument, man hat sehr viel Macht. Aber die meisten Leute nehmen nicht wahr, dass sie eine Wahl haben.

Was ist für dich besonders sinnvoller oder effektiver Aktivismus? Hast du Vorbilder oder so etwas wie persönliche Helden?

Ich finde jede Form von Aktivismus ganz wichtig, weil das heißt, dass jemand aktiv ist und nicht passiv. Aber es kommt natürlich ganz persönlich auf das Individuum an und was seine Interessen sind. Es ist immer wichtig, dass man wirklich an das glaubt, was man unter-

---

69 „Ein Sweatshop bzw. Ausbeutungsbetrieb ist eine abwertende Bezeichnung für Fabriken bzw. Manufakturen, üblicherweise in einem Entwicklungs- land, in denen Menschen zu Niedriglöhnen arbeiten." (Quelle: https://de.wikipedia.org/wiki/Sweatshop)

stützt. Ob man nun hingeht und Kinderkrebshilfe unterstützt oder erste Hilfe in Krisengebieten, das ist dann jedem selbst überlassen. Ich denke, Menschenrechte kommen immer als Erstes. Und dazu gehören ganz viele Dinge. Zum Beispiel die Umwelt gehört eigentlich mit zu den Menschenrechten, denn wenn wir sie kaputt machen, werden wir dadurch auch ein Problem haben. In Dürregebieten verhungern dann beispielsweise Menschen. Oder Fleischkonsum: mit dem Getreide, das eine Schlachtkuh im Laufe ihres Lebens frisst, könnte man ungefähr zehn mal mehr Leute durchfüttern als mit dem Fleisch dieser Kuh[70]. Das hängt ja alles zusammen. Es ist natürlich sehr komplex. Einige Leute werden diese komplexen Zusammenhänge gar nicht erst verstehen. Und das ist ja auch okay. Es reicht, wenn sich jeder ein Thema aussucht und das unterstützt. Wenn jemand zum Beispiel Tiere liebt, soll er Tierschutz unterstützen. Wenn jemand eine soziale Ader hat, soll er sich vielleicht dort engagieren. Wenn jemand Pflanzen liebt, soll er gucken, ob er vielleicht ein Projekt unterstützt, das Regenwälder wieder aufforstet oder einfach nur Biolebensmittel kaufen und so weiter. Die Vielfalt ist groß, man muss sich nur was aussuchen.

Siehst Du in diesem Zusammenhang auch den Veganismus?
Veganismus ist ja eine Lebensform, die man sehr bewusst wählt. Wenn jemand darüber nachdenkt, was er isst, wo es herkommt und wie es hergestellt wird, ist das eine Bewusstseinserweiterung. Das finde ich sehr wichtig in einer Gesellschaft, die im Prinzip sehr auf Konsum ausgerichtet und mittlerweile auch ziemlich abgestumpft ist. Die Leute sagen schon: ‚Ach, ich kann ja eh nichts ändern.' Aber es ist auch eine Verantwortung sich selber gegenüber: Möchte ich im Alter gesund und stark sein oder möchte ich krank sein, den Krankenkassen zur Last fallen – und im Prinzip damit auch wieder der Gesellschaft – und möchte ich selber leiden? Das hat ja auch viel mit der eigenen Wertschätzung zu tun. Ich denke schon, dass es ein riesen Schritt nach vorne ist, wenn man einen Lebensstil so bewusst wählt. Und ich kenne immer mehr Leute,

---

[70] Der Zusammenhang von Fleischproduktion und Welthunger wird hier beleuchtet, unter anderem schreibt der VEBU „Nur 10 % der Proteine und Kalorien, die an das Vieh verfüttert werden, werden in Form von Fleisch wieder gewonnen." https://vebu.de/themen/umwelt/ressourcenverschwendung-und-welthunger/419-ressourcenverschwendung-und-welthunger

die das tun. Das macht mich sehr froh. Das ist ein Anfang. Wenn ich denke, vor zehn Jahren... Da war ich Vegetarierin. Wenn ich das gesagt habe, haben mich die meisten Leute angeguckt, als wollten sie sagen: ‚Um Gottes willen, bist du des Wahnsinns? So kann man doch nicht leben!' Wenn ich heute sage, dass ich Veganerin bin, dann höre ich eigentlich nur: ‚Ach ja, was isst du denn? Was soll ich dir denn dann zubereiten?' Es ist eine Akzeptanz da und Verständnis – einfach das Wissen darum. Es ist mittlerweile eine etablierte Lebensweise. Und das ist ja eigentlich ein gutes Zeichen. Dieses Umdenken geht natürlich nicht schnell genug. Wegen der Erderwärmung und dem Klimawandel und so weiter... also im Prinzip müssen wir noch einen Zacken zulegen, aber zumindest ist schon mal ein Anfang da.

Ich habe noch ein paar Fragen zu deiner eigenen Biografie. Du bist ja in einer vegetarischen Familie groß geworden. Hast du jemals Fleisch gegessen?
Ja. Ich bin mit siebzehn ausgezogen und hab' dann alles ausprobiert und in Frage gestellt, was ich zu Hause gelernt habe. Ich musste das für mich selbst entdecken. Meine Mutter war ziemlich alternativ drauf und es gab bei uns zu Hause halt kein Fleisch. Ich wollte wissen, was ich da verpasst habe und habe dann gemerkt, dass es mir weder besonders gut schmeckt noch irgendwie meine Lebensqualität steigert. Eher im Gegenteil. Ich habe zu wenig Obst und Gemüse gegessen. Das Gesunde wurde zur Beilage. Mit Tierschutz und so was habe ich mich auch bewusst auseinandergesetzt. Nach ein, zwei Jahren bin ich dann wieder zur Vegetarierin geworden. Aber ich habe natürlich nie exzessiv Fleisch gegessen, nur an ein bis zwei Tagen die Woche. Schnitzel ging noch so, aber mit einem Steak konnte ich mich noch nie anfreunden, mit so etwas blutigem. Wenn das irgendwie verpackt war, wie Fischstäbchen, mit dem ganzen Paniermehl drumherum, dann konnte ich das essen, aber so richtig nacktes Fleisch habe ich noch nie gemocht.

Wenn man das Tier noch gesehen hat, sozusagen?
Ja, und wenn man es auch richtig geschmeckt hat.

Wie ging es dann weiter, wie bist du vegan geworden?

Ich beschäftige mich ja sehr viel mit Ernährung, und Milch ist eigentlich nur etwas für Babys, kleine Kühe und kleine Schafe. Milch ist nicht für erwachsene Menschen gemacht. Sie verschleimt den Körper stark und man nimmt davon auch zu. Sie ist halt das richtige Nahrungsmittel für kleine Wesen, um schnell groß und dick und stark zu werden. Ich habe auch immer ein bisschen Bauchschmerzen gehabt und mich etwas unwohl gefühlt. Als ich die Milch weggelassen habe, hat das schlagartig aufgehört. Die meisten Menschen vertragen die Milch ja gar nicht... bei den Asiaten sind es achtzig Prozent, bei den Nordeuropäern sind es um die fünfzehn Prozent. Die werden sich immer unwohl fühlen und immer Durchfall haben und immer irgendwelche Magen- und Darmprobleme und sich abgeschlagen fühlen und nicht wissen, woran es liegt. Oder Menschen, die jeden Sommer starken Heuschnupfen haben. Der Körper muss ja immer mit dem fremden Milchprotein klarkommen, und wenn dann auch noch die Proteine von den ganzen Pollen dazukommen, ist das Immunsystem so überfordert, dass man Heuschnupfen kriegt. Ich bin ziemlich überzeugt, dass die meisten Leute sich deutlich besser fühlen würden, wenn sie das tierische Eiweiß weglassen oder zumindest stark einschränken würden. Ich habe diese Zusammenhänge für mich irgendwann entdeckt und ausprobiert und dann gemerkt, dass es mir deutlich besser geht. Also da war die Milch schon mal weg. Und mit dem Hühnereiweiß ist es bei mir ähnlich. Wenn ich Hühnereiweiß esse, habe ich Heuschnupfen. Wenn ich es weglasse, ist der Heuschnupfen weg.

Wir haben jetzt ganz viel über Essen gesprochen. Du lebst aber nicht nur in Bezug auf's Essen vegan, oder?

Nein, ich nutze auch keine Lederprodukte oder so was.

Was ist denn für dich das Schwierigste daran, vegan zu leben?

Eigentlich gar nichts. Vielleicht der persönliche Verzicht am Anfang. Ich habe Käse geliebt. Am Anfang fiel mir das unglaublich schwer. Es dauert ein bisschen, bis sich der Geschmack umstellt. Also mittlerweile... hier und da probiere ich mal ein Stückchen Käse und ich finde, das schmeckt widerlich. Ich schmecke plötzlich, dass das vergammelte Milch ist. Oder Milch, ich habe Milch geliebt. Und heute? Wenn man eine Zeit lang keine Milch trinkt und die dann wieder probiert, sagt man eigentlich nur noch ‚Bäh!'. Ich schmecke, dass das aus der Kuh kommt. Ist ja eigentlich ein widerliches Konzept, ganz ehrlich gesagt. Milch kommt aus dem Euter der Kuh. Das wird von Kühen hergestellt. Das ist irgendeine Flüssigkeit. Ich würde ja auch nie Muttermilch trinken. Das ist ja eigentlich, wenn man lange drüber nachdenkt, ein bisschen ekelhaft. Und Käse wird noch schlimmer. Das ist vergammelte Milch. Käse ist ja oft auch nicht vegetarisch, sondern wird mit Kuh-Lab hergestellt, das aus den Mägen der Kuh kommt. Das wissen die wenigsten Leute. Im Prinzip ist das was ganz Ekliges. Wenn man den Asiaten früher, als sie noch nicht an Käse gewöhnt waren, erzählte, woraus Käse hergestellt wird, haben sie immer nur die Augen verdreht. Heutzutage verstehe ich nicht, warum ich das gegessen habe. Aber natürlich, ich war daran gewöhnt, so wie manche halt gegrillte Heuschrecken essen und das ganz lecker finden und ich mich nur schüttel. Heute finde ich das widerlich, Milch zu trinken und Käse zu essen, aber die Umstellung war schwierig, klar.

Was ist für dich das Schönste daran, vegan zu leben?
Also erst mal natürlich, dass ich weiß, dass mein Körper sehr, sehr sauber ist, dass ich meinem Körper sehr wenig Giftstoffe antue und dass ich die Umwelt damit sehr wenig belaste. Ich habe ein gutes Gewissen. Ich weiß, dass ich im Prinzip die gesündeste Form und die umweltbewussteste Form der Ernährung gewählt habe, dass ich damit einen Beitrag leiste. Und ich habe sehr, sehr viele leckere Alternativen entdeckt, ganz viele tolle Sachen, die Fleischesser oft gar nicht kennen. Es gibt ganz wenige Leute, die wissen, wie lecker süße Hirse schmeckt, mit Vanille und Bananen drin. Die meisten Leute probieren das gar nicht, die essen immer das gleiche, morgens ein weißes Brötchen mit Marmelade oder Wurst drauf. Die gucken gar nicht nach Alternativen. Ich glaube, dass mein Speiseplan höchstwahrscheinlich sehr, sehr viel abwechslungsreicher ist als der von Leuten, die ganz „normal" essen.

Hast du einen Traum, was du noch erreichen oder erleben möchtest?
Bewusstsein. Ich möchte, dass die Menschen sich bewusst werden, dass alles was wir tun, einen Effekt hat. Auf unsere Umwelt, auf unseren Körper, auf unsere Seele. Bewusstsein finde ich sehr wichtig. Viele

Leute sind sehr lethargisch, gerade europaweit. Diese Lethargie bringt uns nicht weiter. Die führt uns ins Verderben. Wenn die Leute sich erst mal bewusst werden, dass sie noch etwas tun können, dass sie mit ihrem Handeln die Dinge beeinflussen können, dass sie sich selbst heilen können und auch ihre Umwelt, dann ist ein riesen Schritt getan. Am Anfang steht immer die Erkenntnis.

Eventuell war das jetzt schon die Antwort auf meine nächste Frage. Wenn dir alle Menschen für eine Minute zuhören würden, was würdest du ihnen erzählen?

Eine Minute? Da muss ich ja gut drüber nachdenken… Ja, ich würde sagen, ‚Think before you act', ‚Denkt bevor ihr handelt'. Da brauche ich nicht mal eine Minute zu.

Angela, gibt es noch irgendwas, was dir wichtig ist, was du gerne erzählen würdest und nach dem ich nicht gefragt habe?

Ich denke, dass es wichtig ist, dass die Leute veganes Essen einfach mal ausprobieren. Die meisten Leute haben ja schon Angst vor diesem Schritt. Die können sich das gar nicht vorstellen. Dabei gibt es mittlerweile ganz viele tolle Kochbücher. Wenn man Metaller ist, sollte man den Black Metal Chef[71] mal anchecken, der macht ganz tolle Kochsendungen auf YouTube. Einfach mal ausprobieren, vielleicht mal eine Woche vegetarisch leben oder vegan und schauen, wie es einem damit geht. Und es ist auch wichtig, sich ein bisschen mit Ernährung und Ernährungslehre zu beschäftigen, damit man nicht zu einem Veganer wird, der einfach nur irgendwelche weißen Brötchen mit Margarine isst und irgendwelche vegane Schokolade dazu. Es ist natürlich sehr wichtig, dass man ausgewogen und gesund isst, viel frisches Obst und Gemüse und vielleicht mal morgens einen richtig fetten Fruchtsalat, statt Brötchen mit Marmelade. Vegan ist nicht das A und O, sondern es muss gesund sein, es muss also sehr abwechslungsreich sein, auch als Veganer.

Angela, vielen lieben Dank für das Interview!

---

71 „Vegan Black Metal Chef": Vegane Rezepte als Black Metal Show präsentiert. http://veganblackmetalchef.com

Nachtrag

- hierfür haben wir sie im April 2014 ein zweites Mal interviewt -

Als wir Angela Gossow ungefähr ein Jahr nach dem ersten Interview den fertigen Text zeigen, erzählt sie uns, dass sie sich nicht mehr rein vegan ernährt, sondern ab und zu ein Ei oder Schafs- und Ziegenmilchprodukte zu sich nimmt. Als sich bei uns der erste Schreck gelegt hat (passt sie dann noch ins Buch? Ja, sie passt, beschließen wir, denn auch das ist Realität und wir wollen kein Märchenbuch schreiben), fragen wir genauer bei ihr nach.

„Wenn es hochkommt, esse ich vielleicht ein Ei pro Monat", sagt Angela. „Auch Schaf- und Ziegen-Milchprodukte sind nicht fester Bestandteil meiner täglichen Ernährung. Aber wenn ich mal Lust auf ein Stück Fetakäse habe, dann ess' ich das auch."

Uns drängen sich einige Fragen auf. Zuallererst: Wie kam es dazu? Wurde es doch ein Problem, unterwegs etwas zu essen zu finden?

„Nein", antwortet Angela, „damit hatte das gar nichts zu tun. Das war nie ein Problem. Ich hatte einfach eine Zeit lang einen erhöhten Eiweißbedarf – als wäre ich ein Spitzensportler. Ich wollte jetzt aber mengenmäßig auch nicht so viel essen. Und Soja kommt für mich einfach nicht mehr in Frage, weil es ein stark industriell verarbeitetes Produkt mit einem riesen CO_2-Footprint ist."

Aber hätten es da nicht auch mehr Nüsse oder Hülsenfrüchte sein können?

„Ich habe auf meinen Körper gehört", sagt Angela, „und habe mir gedacht: Okay, wenn mein Körper jetzt wirklich unbedingt ein Ei oder ein Stück Käse essen will, dann brauche ich das auch."

In ihrem ersten Interview hatte sie berichtet, dass sie bei Milch und Eiern gesundheitliche Probleme und Allergien hatte. Hat sie die jetzt auch wieder? „An den Eiern lag es offensichtlich nicht", antwortet Angela. „Aber wie gesagt, ich hab' auch seit Monaten schon wieder kein Ei gegessen." Und was ist mit der Milch, die ihr früher Bauchschmerzen und leichtes Unwohlsein bereitet hatte? Angela antwortet, dass sie nur mit Kuhmilch-Eiweiß Probleme hatte. „Schaf- und Ziegenmilcheiweiß ist sehr leicht verdaulich. Damit habe ich gesundheitlich gar keine Probleme. In den Spuren, in denen ich das esse, macht das meinem Körper sowieso nichts aus."

Wir fragen Angela, wie sie damit umgeht, dass ja auch für Eier und Milch Tiere sterben.

„Wichtig ist, dass man alle Dinge abwägt", antwortet Angela. „Woher kommen meine Produkte? Wie wird das angebaut? Was bedeutet das für andere Menschen? Wird damit ein Tier oder ein Mensch belastet? Wird dort eine Region belastet? Geht das ins Abwasser? Nimmt man damit vielleicht anderen Menschen Grünfläche weg, auf der sie ihr eigenes Essen anbauen könnten? Das sind ganz viele Faktoren, die in die Entscheidung einfließen." Sie selbst ernährt sich vor allem regional. „Im Moment esse ich eigentlich immer nur eineinhalb Liter grünen Smoothie[72], wo nur Obst und Gemüse drin ist und Nüsse", erzählt sie. „Da kommt alles rein, was bei mir auf der Terrasse wächst und was es am Baum so gibt an Äpfeln und Birnen und sonst was. Und davon bin ich den ganzen Tag satt. Dann esse ich abends noch einen Salat und Süßkartoffeln dazu oder Quinoa oder Hülsenfrüchte oder sonst irgendwas – und dann war's das." Auch wenn sie selbst kein Fleisch isst, so ist es für sie kein Tabu: „Man kann ja ruhig Tiere schlachten. Das ist die Natur. Kein Löwe denkt darüber nach, ob er jetzt die Antilope fressen soll oder nicht. Das ist in Ordnung, wenn man nicht hingeht und dieses Tier sechs oder neun Monate lang in einer Gefängniszelle mästet und quält, um es danach industriell zu irgendwelchen Billigburgern zu verarbeiten. Das ist was ganz anderes, wenn jemand sich eine Herde Schafe hält und ab und zu mal eins davon isst. Ganz ehrlich, das ist der Lauf der Dinge und das ist auch in der Balance. Und dann hab' ich damit persönlich kein Problem."

Das Wichtigste ist ihr, das ganze System zu betrachten und kritisch zu hinterfragen, was die eigenen Handlungen bedeuten „Dazu gehört für mich auch, mir die Produkte anzugucken, die ich esse. Das ist ja immer ein Gesamtkonzept. Umwelt, das sind ja nicht nur die Tiere, das sind auch die Menschen, die in der Umwelt leben und die Natur selbst. Und deshalb hab' ich einfach irgendwann beschlossen, lieber mal

---

72 Grüne Smoothies werden im leistungsfähigen Standmixer aus Obst und Blattgemüse bzw. Kräutern hergestellt. Oft werden auch Nüsse oder andere Saaten mit dazu gegeben.

das regionale Ei zu essen, von dem ich weiß, wo es herkommt, oder meine Ziegen- und Schafmilchprodukte, die Bio sind und von Tieren stammen, die draußen herumlaufen. Ich glaube, wenn wir 80 Prozent Rohkost essen würden, am besten regional, dann hätten wir alle keine Probleme mehr, weder mit Tierquälerei, noch mit Monokulturen, noch mit der Abholzung von Wäldern für irgendwelche Futterpflanzen."

Vegan im Rock'n'Roll-Bereich ist gar kein Problem mehr – je härter die Band, desto veganer

(Foto von Heino Nölke: Copyright by starcontinuum.net / Rafael Cantero Alonso de Medina)

Heino ist Veranstaltungstechniker. Er arbeitet als Beleuchter bei Rock'n'Roll Konzerten, auf internationalen Messen und bei großen Firmenveranstaltungen. Seit 2013 lebt er zu Hause komplett vegan und beim Job so vegan wie möglich. Er bezeichnet sich als „Bewusst-Esser".

Vor ein paar Jahren hatten wir mit dir schon mal über veganes Leben gesprochen. Du hast damals gesagt, dass vegan in deinem Job nicht geht, weil du die ganze Zeit unterwegs bist. Aber jetzt scheint es doch irgendwie zu gehen – zumindest fast. Was hat sich geändert?

Wahrscheinlich hat es damit zu tun, dass meine Sichtweise auf die Dinge anders geworden ist. Ich arbeite sehr viel im Rock'n'Roll-Bereich. Da ist es eigentlich gar kein Problem mehr. Je härter die Band, desto veganer. Ich bin viel mit Billy Talent auf Tour gewesen und da gab es immer zwei vegane Gerichte, ein vegetarisches und ein Fleischgericht. Also da steht man als Veganer ziemlich gut da. Das ist bei vielen Bands so. Wenn man eigenes Catering hat, ist das gar kein Problem. Entweder ist sowieso schon eine vegane Alternative da oder man spricht am ersten Tag mit dem Koch. Dann ändert er halt ein ganz klein bisschen an seinem Speiseplan und schon passt das. Ohne eigenes Catering spricht man halt mit den Köchen vor Ort. Und auf Festivals geht es mittlerweile auch, man muss einfach nur reden, von Anfang an. Ansonsten habe ich immer ein Notfallpäckchen dabei, irgendwelche veganen Aufstriche. Brötchen oder Brot werde ich immer kriegen, Nudeln gibt es immer, Kartoffeln gibt es immer. Also die Basis ist immer vorhanden und muss auch nur selten mit eigenen Geschichten ausgebaut werden. In der Industrie sieht das dann schon wieder ganz anders aus. Wenn man für einen Konzern eine riesige Veranstaltung macht oder wenn man auf der Messe arbeitet, gibt es einmal am Tag eine warme Mahlzeit mit Fleisch. Wenn du Glück hast, ist noch was Vegetarisches dabei. Wenn nicht, guckst du doof aus der Wäsche und musst dich selber versorgen. Und abends gibt es dann Brötchen mit Käse oder mit Wurst – auch ziemlich doof. Aber darauf bin ich schon vorbereitet. Ich hab' Aufstriche dabei oder vegane Wurst, veganen Käse. In der Regel gehe ich dann an ein Käsebrötchen, entferne den Käse und biete ihn den wurstbrötchen-essenden Kollegen an, damit sie sich ihr Brötchen aufpeppen können. Dann wird das Brötchen von mir weiter bearbeitet. Gut, da besteht natürlich immer noch die Möglichkeit, dass irgendwelche Schmierfette drauf sind, die nicht vegan sind. Das muss ich in Kauf nehmen, weil ich ansonsten wahrscheinlich doch verhungern würde oder man mich als Total-Freak abtun und nicht mehr buchen würde. Wenn ich da jetzt tatsächlich päpstlicher sein will als der Papst, dann kann ich meine gesamte Versorgung selber in die Hand nehmen: Ich müsste mich für mehrere Tage bevorraten oder morgens früher aufstehen, was an Tagen, die teilweise auch schon mal 15, 16 oder 17 Stunden dauern, echt doof ist. Deswegen nenne ich mich auch einen „Bewusst-Esser", keinen „Veganer". Veganismus ist ein toller Ansatz, aber auch nicht 100%ig das, was ich mir vorstelle. Beispielsweise Palmöl ist vegan, aber 90 % kommen aus Indonesien und Malaysia: Sumatra, Borneo und so weiter, wo Orang-Utans, Zwergelefanten und Sonnenbären deswegen ihre Heimat und teilweise auch ihr Leben verlieren. Das hat nichts mit Tierleidfreiheit zu tun. Ich möchte nicht in die Schublade „vegan" gesteckt werden, ich möchte mich tierleidfrei ernähren, so weit es geht, ohne dabei militant zu werden. Zu Hause lebe ich 100 % vegan, alles ist nur rein pflanzlich, ich verzichte auf Palmöl, und, und, und.

Ich würde gerne noch mal zurück zur Ausgangs-Frage, ob vegan unterwegs funktioniert. Wie oft kommt das denn vor, dass Du tatsächlich nichts bekommst und Dich selbst versorgen musst?

Das ist schon vorgekommen. Es ist auch schon passiert, dass das, was da als vegetarisch-vegan angeboten wurde, echt gruselig war und ich mich lieber selber versorgt habe. Aber das ist die Ausnahme. Und im Rock'n'Roll-Bereich kommt so was eigentlich gar nicht vor.

Sprechen dich die Leute auch auf deine Ernährung an? Und falls ja, wie sehen solche Gespräche meistens aus?

Ach, das kann von wirklichem Interesse bis hin zu Lustig-Machen und Verunglimpfen des Gedankens gehen. Da gibt es tausend verschiedene Möglichkeiten. Immer wieder kriegt man natürlich auch so Dummsprüche zu hören wie ‚Du isst meinem Essen das Essen weg'. Auf so Sachen lasse ich mich überhaupt nicht ein, das ist mir zu blöd. Aber es gibt eben auch viele Leute, die am Thema Veganismus interessiert sind und die dann natürlich fragen: ‚Was ist denn an Milch jetzt so schlimm?' Und da liebe ich es ja tatsächlich, den krassen Weg zu gehen, indem ich das so ein bisschen umdrehe und vermenschliche. Ich bitte die Leute dann, sich vorzustellen, dass sie eine Tochter haben. Die Tochter wird geschlechtsreif, wird dann künstlich befruchtet oder vergewaltigt – wie man es nehmen will. Die künstliche Befruchtung ist nichts anderes als eine Vergewaltigung – es sei denn, es wird gewünscht, was bei Kühen bestimmt nicht so ist. Sobald das Kind da ist, wird es am ersten Tag weggenommen und später geschlachtet. Der Mutter werden Pumpen auf die Brüste gesetzt und so lange abgepumpt, bis nichts mehr kommt. Das geht über mehrere Monate so, bis der Ertrag nicht mehr hoch genug ist. Dann kommt es zu der nächsten Vergewaltigung Schrägstrich Befruchtung. Dieser Zyklus geht so lange weiter, bis die Erträge so schlecht geworden sind, dass es nicht mehr lohnt. Dann wird auch diese Mutter geschlachtet, beziehungsweise die Tochter der Person, mit der ich gerade spreche. So. … Das klingt sehr krass, aber das ist tatsächlich ein Gedankenansatz, über den viele so überhaupt nie nachgedacht haben und wo dann Antworten kommen wie: ‚Oh Mann, ja, tatsächlich. So habe ich mir das noch nie vorgestellt. Ich dachte immer die haben's doch gut den ganzen Tag, werden dann gemolken und fertig ist.' Viele machen sich auch keine Gedanken darüber, dass man heutzutage draußen kaum noch Kühe sieht. Ich bin 46 und kenne es von früher, dass viele Kühe auf der Weide standen. Die wurden auch mal draußen gemolken. Heutzutage stehen die Tiere auf Spaltenböden, sehen kein Tageslicht, werden vier oder fünf Jahre alt, bevor sie geschlachtet werden. Also das ganze Drumherum hat ja nichts mit lebenswert zu tun. Solche Diskussionen kommen immer wieder. Viele sind sehr interessiert, hören sich das an. Ich bringe auch mal Essen zum Probieren mit. Und dann höre ich: ‚Oh, das ist vegan, das ist ja interessant.' Man ist doch teilweise sehr verwundert und offen für Dinge. Es gibt aber auch Ignoranten, die sagen: ‚Nee, geh weg damit, das möchte ich nicht mal probieren.' Die Unbelehrbaren werden auch weiterhin unbelehrbar bleiben. Wenn jemand offen und interessiert ist, dann erzähle ich gerne. Ich bin aber keiner, der mit dem Zeigefinger auf Menschen zeigt und sie als Mörder bezeichnet. Das ist kontraproduktiv. Damit werden Nicht-Veganer und Nicht-Vegetarier in die Defensive getrieben, halten uns dann für verblendete Spinner und sehen sich tatsächlich in ihrer Ernährungsweise bestätigt, weil sie doch besser reflektieren könnten, als diese ignoranten, aggressiven Veganer.

Gibt es Erlebnisse oder Gespräche, die besonders herausstechen, entweder positiv oder auch negativ?

Noch gestern hatte ich tatsächlich so eine Diskussion auf der „Boot"[73] in Düsseldorf. Am Sea-Shepherd-Stand[74], wo ich Dienst hatte, hat sich eine Dame sehr darüber aufgeregt, was in der Welt mit Walen und Mantas[75] passiert. Ihr habe ich genau solche Sachen wie mit der Kuh erzählt, habe alle Argumente gebracht, die mir zur Verfügung stehen. In solchen Gesprächen sage ich dann auch immer gerne: ‚Das ist aber einfach für uns, mit dem Finger auf Japan zu zeigen, weil sie Wale fangen oder auf China, weil sie gerne Haifischflossensuppe essen, und, und, und… Bei uns in der Nutztierhaltung stehen die Tiere auch nicht viele Jahre glücklich auf einer Wiese, haben ein tolles Leben und werden dann tot gestreichelt, das gibt es einfach nicht. Da liegt auch viel im Argen.' Das ging fast eine Stunde so. Und am Ende sagte sie: ‚Ja, das verstehe ich,

---

73 Die „Boot" ist eine Messe rund um Wassersport, die einmal jährlich in Düsseldorf stattfindet. http://www.boot.de/

74 Sea Shepherd Conservation Society (SSCS) ist eine internationale Meeresschutzorganisation. Sie selbst beschreiben ihren Auftrag auf ihrer Webseite so: „Das primäre Mandat der Sea Shepherd Conservation Society ist das Durchsetzen von Gesetzen, die in der „Weltcharta für die Natur der Vereinten Nationen" (http://www.un.org/Depts/german/uebereinkommen/ar37007.pdf, Seite 2-3) beschrieben sind." Sea Shepherd ist vor allem durch die Kampagnen gegen Walfang im Südpolarmeer bekannt geworden, die von einem Fernsehteam begleitet wurden und unter dem Titel „Whale Wars" ausgestrahlt werden. https://www.sea-shepherd.de/

75 Mantas oder auch Mantarochen sind eine Fisch-Gattung, zu der nur die beiden Arten Riffmanta und Riesenmanta gehören. Sie leben in tropischen und subtropischen Meeren. Mantas werden fünf bis neun Meter lang. Ihre Körper sind abgeplattet und gehen in große, flügelartige Brustflossen über, auf denen sie elegant durch das Wasser „fliegen". Sie ernähren sich vor allem von Plankton (= frei im Wasser schwebende Kleinstorganismen).

aber nichtsdestotrotz werde ich weiterhin Fleisch essen und was die da mit den Walen und Delphinen machen, ist eine Schweinerei.' Also da ist Null angekommen. Wohingegen ihr Partner die ganze Zeit dabei gestanden und genickt hat und extrem betroffen aussah. Es gibt Menschen, die sind in Ihrer Meinung so festgefahren, da kommt man nirgendwo durch. Das möchte ich fast schon als erschreckend bezeichnen.

Wieso hast du dich vom Fleisch-Esser zum bewussten Esser entwickelt?
Angefangen hat der Spaß durch das Tauchen. Ich habe sehr viel im Roten Meer, im Golf von Akaba getaucht und über die Jahre hat sich da einiges verändert unter Wasser. Arten blieben plötzlich aus, es wurde immer grauer, immer gruseliger. Dann habe ich mich mit dem Thema Meeresschutz beschäftigt und mit dem Erhalt dieses Ökosystems und wollte gerne selber etwas tun. In dem Riff-Bereich, wo ich unterwegs war, ist es nicht zulässig, Fische zu fangen. Ich habe also angefangen Reusen zu öffnen und die Fische frei zu lassen und habe Reusen zerstört, die illegal in den Riffen untergebracht waren. Ich wollte aber mehr machen. Zurück in Deutschland habe ich mich mal erkundigt. Greenpeace[76] war mir zu diplomatisch und da konnte ich auch nicht aktiv werden. Dann habe ich mich mit Sharkproject[77] auseinandergesetzt, die auch eine ganz tolle Sache verfolgen. Davon abgesehen, dass ich alles mag, was in den Meeren herumschwimmt, finde ich halt die Underdogs am besten, wie Blauflossen-Thunfisch und speziell Haie. Es war aber trotzdem schwierig, bei Sharkproject direkt was zu machen. Und dann habe ich mitgekriegt, dass Sea Shepherd in Deutschland gerade im Aufbau begriffen war und die ersten Stände auf veganen und vegetarischen Straßenfesten machte. Daraufhin bin ich gezielt auf den Veggie Street Day[78] in Dortmund gefahren und habe dort mit einem jungen Sea-Shepherd-Kollegen sehr

---

76 Greenpeace ist eine internationale Umweltschutzorganisation. Sie sagen auf ihrer Webseite über sich selbst, dass sie „mit direkten gewaltfreien Aktionen für den Schutz der natürlichen Lebensgrundlagen von Mensch und Natur und Gerechtigkeit für alle Lebewesen" kämpfen. http://www.greenpeace.de/

77 Sharkproject ist eine internationale Umweltschutzorganisation. Auf ihrer Webseite sagen sie über sich „Wir kämpfen an vorderster Front gegen die Zerstörung der Meere und die Ausrottung der Haie". http://www.sharkproject.org/

78 Der „Veggie Street Day" heißt inzwischen „Vegan Street Day". Er findet in verschiedenen Städten Deutschlands statt. http://www.vegan-street-day.de/

lange gesprochen. Ich hatte zu dem Zeitpunkt eine Firma für Veranstaltungstechnik und habe angeboten, mein Equipment zur Verfügung zu stellen. Das hat man auch gerne angenommen. Irgendwann – bei einem Rise-Against-Konzert[79] im Palladium in Köln – habe ich dann nicht nur Technik geliefert, sondern auch meinen ersten Stand-Dienst gemacht. Vor Ort waren der junge, stark tätowierte Kerl, den ich damals in Dortmund angesprochen hatte, und ein weiterer Sea-Shepherd-Kollege. Wir haben einen total tollen Tag gehabt und sehr erfolgreiche Gespräche geführt. Am Anfang hatte ich mich noch zurückgehalten, bis ich dann von den beiden dazugeholt wurde: ‚Du weißt doch, worum es hier geht, red doch.' Nach diesem wirklich tollen Abend fragte ich die beiden – von denen ich wusste, dass sie Straight Edge[80] und vegan waren – ob man sich für Meeresschutz einsetzen kann, wenn man kein Veganer ist oder ob das in ihren Augen ein Problem ist. Denn ich würde ja schließlich Fleisch essen. Da haben mich die beiden nur angegrinst und haben gesagt: ‚Noch'. Das war das einzige was sie sagten: ‚Noch'. Und von ihrer Seite ist auch nie Druck gekommen oder so irgendwas. Wir haben dann viele, viele Stände miteinander gemacht. Ich habe zu dem Zeitpunkt immer, wenn ich mit ihnen zusammen war, aus Respekt keine tierischen Produkte zu mir genommen – und habe mir die tollsten Sachen zeigen lassen, die sie mitgebracht hatten: vegane Burger, vegane Döner, und, und, und. Dadurch hat sich dann tatsächlich auch meine Auffassung von Veganismus und Vegetarismus geändert. Für mich war das ja eigentlich immer die Ernährung von diesen Topfschwämmen, die sich Tofu nennen, dieses fürchterliche Zeugs, was nach nichts schmeckt. Das ist ja die allgemeine Ansicht von Leuten, die sich nie damit beschäftigt haben. Was kann man eigentlich noch essen, wenn man keine tierischen Produkte zu sich nimmt? War auch meine Einstellung. Aber ich bin durch die beiden sehr sanft da ran geführt worden. Man hat es mir nicht eingebläut, sondern man hat es mir sozusagen eingestrichelt, einmassiert und dadurch ist es

---

79 „Rise Against" ist eine US-amerikanische Punk-Hardcore-Band, deren Lieder vor allem weltanschauliche Themen und Tierrechte thematisieren. Zwei Bandmitglieder sind Veganer, die anderen sind Vegetarier.

80 Straight Edge, übersetzbar als „Nüchterner Vorteil", bezeichnet eine Lebenseinstellung ohne Alkohol und andere Drogen, oft auch den Verzicht auf häufig wechselnde Sexualpartner und Fleisch beziehungsweise tierische Produkte.

immer mehr und mehr geworden. Dann bekommen Leute aus dem eigenen Umfeld das auch mit. Man ist plötzlich der Doofe und muss sich rechtfertigen, weil man nicht mehr alles essen möchte. Man wird tatsächlich in die Defensive gedrängt und denkt sich: ‚Pah, jetzt werde ich es euch erst recht zeigen!' Was die Sache viel, viel, viel, viel einfacher macht. Es ist eine Herausforderung und es ist ein Spaß. Essen wird noch mehr zum Genuss. Man macht ja viel mehr selber, weil es zum Glück kaum vegane Fertiggerichte gibt. Im Job denkt man sich zuerst noch ‚vegetarisch geht, vegan nicht – dann ist es halt so, dann esse ich halt das Zeug mit dem Käse und der Milch und den Eiern.' Aber das ist nichts, wo man resignieren muss. Man stellt sich halt ein bisschen darauf ein. Das ist eine Challenge, eine Herausforderung. Immer mehr, immer mehr, immer mehr – oder eben immer weniger, immer weniger, immer weniger Tier-Produkte. Das ist eine total tolle Sache und der Beweggrund, tatsächlich immer weiterzugehen. Beispielsweise habe ich jetzt vegane Arbeitshandschuhe aus Kunstleder, mit denen ich noch nicht so zufrieden bin. Als Arbeitshandschuhe super, zum Abseilen ganz scheiße, weil sie durch die Reibungswärme anfangen zu schmelzen. Also noch mehr Herausforderung. Jetzt muss ich eben Kunstlederhandschuhe mit Kevlar-Beschichtung suchen. Aber ich freue mich über jedes Teil, das ich finde und das mein Leben noch tierleidfreier macht und einfacher und besser und wo ich zu anderen sagen kann: ‚Guck mal, geht doch ohne Probleme!' Und vor allem: ‚Guckt mich an, sieht so ein mangelernährter Typ aus?'[81] Weiß Gott nicht! Ich lasse jedes Jahr im Zuge meiner Tauch-Tauglichkeits-Prüfung ein Belastungs-EKG, das große Blutbild und noch ein paar Tests machen. Meine Blutwerte sind immer besser geworden. Beim letzten Mal war mein Arzt schon außer Rand und Band. Er hat mir das unter die Nase gehalten und rief: ‚Guck dir das an! Darf ja wohl nicht wahr sein! Und guck mal hier: Eisen, vom Feinsten, ohne dass du Fleisch isst! Und guck mal hier, das ist ja unfassbar, wie ein 25-Jähriger!' Der konnte das kaum glauben. Vielleicht habe ich jetzt sogar bei ihm noch ein bisschen was bewegt.

---

81 Heino gleicht eher einem Seebären und man traut ihm sofort zu, Schatzkisten zu schleppen oder Säcke voller Kokosnüsse ;-)

Du hast ja schon gesagt, dass du durch die Sea-Shepherd-Jungs da so reingewachsen bist. Gab es irgendwo einen Punkt, wo du dich darüber hinaus noch informiert hast, worauf du bei veganer Ernährung achten musst?

Das Gute ist ja, dass ich um mich rum ziemlich viele Leute hatte, die schon ewig vegan waren. Da sind Menschen dabei, die vegane Blogs schreiben und die das fast ihr ganzes Leben schon machen. Wenn ich eine Frage hatte, war das nur ein Anruf, eine SMS, eine Mail oder ein persönliches Gespräch. Ich habe mir keine Bücher über Veganismus oder über Ernährung gekauft – außer Kochbücher, die gibt es bei mir auch. Wo viele Fragen aufkommen und man am Anfang noch in die Falle geht, sind versteckte tierische Bestandteile, die entweder noch im Endprodukt vorhanden sind oder im Laufe des Herstellungsprozesses benutzt werden – und das bei Endprodukten, die vegan zu sein scheinen. Beispielsweise Schweineborsten in Mehl, oder Gelatine zum Klären von Apfelsaft oder Rotwein, Tiermehl um Etiketten auf Flaschen zu kleben, und, und, und... Machen wir uns nichts vor, Veganismus ist nicht nur eine Ernährung, sondern tatsächlich eine Wissenschaft. Es ist eine Philosophie und man muss sich sehr viel informieren. Es ist unfassbar, wo überall Tierleid versteckt ist.

Was bedeutet es für dich, vegan zu leben?

Es geht mir nicht nur darum, das Leiden der Tiere zu reduzieren, sondern es geht auch um Verteilung und um unser ganzes Konsumverhalten. Ich finde vieles so krank. Im Alten Land, im Norden Deutschlands, haben wir das größte zusammenhängende Obst-Anbaugebiet Europas und wir importieren Äpfel aus Chile. Und das ist überall so. Wir haben das ganze Jahr über Erdbeeren und so was. Ich kann verstehen, wenn Menschen Orangen haben wollen, die in Deutschland nicht wachsen, oder Bananen. Aber Produkte, die bei uns wachsen, das ganze Jahr über haben zu wollen und sie deswegen aus dem Ausland kommen zu lassen, das finde ich schlimm. Und wenn ich dann in den Biomarkt gehe – Biomarkt! – und sehe, wo die ganzen Sachen herkommen, dann denke ich mir, was ist denn daran Bio, wenn das um die halbe Welt geflogen ist? Das kann es doch nicht sein!

Wenn man vor der Frage steht ‚Kaufe ich die konventionelle Gurke aus der Region oder die Bio Gurke aus Spanien?'

Ja! Und das geht so in allen Bereichen. Ich war letztes Jahr mehrere Monate in Australien. Da laufen mir dort um Ostern rum Schokoladen-Osterhasen aus Deutschland über den Weg, in Australien! Für 99 australische Cent. Das ist weniger als ein Euro, das sind knapp 70 Euro-Cent. Die haben fantastische eigene Schokolade in Australien und eigene Schokoladen-Osterhasen. Und da werden welche aus Deutschland importiert. Einmal rund um die ganze Welt, um dann für 99 Cent verscherbelt zu werden. Wie geht das? Und vor allen Dingen: Muss das sein? CO2 Bilanz ist auch noch so ein Ding, was dazu kommt. Veganismus führt dazu, auch in anderen Bereichen kritischer zu sein. Gemüse möglichst Bio, da geht es ja dann schon weiter. Früher war es einem nicht bewusst und gleichzeitig scheißegal, was man gegessen hat, weil es ja geschmeckt hat. Wenn man dann aufgrund seines Fleisch-Verzichtes gesünder wird, macht man sich noch mehr Gedanken und isst dann auch gesünderes Gemüse und versucht, es vom Markt zu holen oder vom örtlichen Biobauern. In den USA ist die Gesundheit tatsächlich sogar das Hauptmotiv der meisten Veganer. Da geht's gar nicht um Tierschutz, Ethik oder sonst irgendwas. Was mir jetzt erst mal prinzipiell egal ist, Hauptsache sie sind vegan. Solange Tiere davon profitieren, soll mir das recht sein.

Gab es bei dir in der Anfangszeit deiner Ernährungsumstellung Rückfälle?

Nein. Ich werde natürlich oft gefragt: ‚Wenn du kein normales Steak essen willst, warum isst du denn dann ein Seitan-Steak?' Diese Argumentation finde ich doof. Oder: ‚Warum muss das so heißen?' Also erst mal macht es natürlich gerade dem Neuling die Umstellung einfacher, wenn da etwas ist, das Schnitzel genannt wird oder ein Stück Vleisch mit „V". Und dann verzichte ich ja nicht auf tierische Produkte, weil es mir nicht schmecken würde, sondern weil ich einfach auf Tierleid verzichten will. Ohne weiteres kann es passieren, dass ich zum Beispiel auf dem Weihnachtsmarkt bei Bratwürsten auf dem Grill auch 'nen Speichelsturz kriege. Nichtsdestotrotz würde ich das nie kaufen. Aber es hat noch einen Effekt auf mich. Also es ist nicht so, dass ich immun geworden bin, sondern es geht von mir aus, es geht von meinem Herzen aus. Und ich werde auch weiterhin keine Fleisch-Bratwurst essen oder sonst was, egal wie verlockend die riecht. Da ist eine leckere vegane Bratwurst oder ein veganes Schnitzel dann doch eine tolle Alternative.

Gibt's außer der Bratwurst noch mehr, das dir schwer gefallen ist?

Ja, ich habe mir erst gedacht, dass zum Beispiel eine vegetarische Pizza ohne Käse echt scheiße ist, aber, mein Gott, das ist überhaupt kein Problem! Bestellt man seine vegetarische Pizza halt mittlerweile ohne Käse. Schmeckt auch. Schmeckt anders, weil kein Käse da ist. Schmeckt aber.

Hat das tierleidfreie Leben für dich irgendwelche Nachteile oder ist etwas besonders schwierig daran?

Wenn ich auf ignoranten Industrie-Veranstaltungen entweder gar nichts kriege, oder da rumbasteln muss, während die anderen sich den Bauch vollschlagen, das ist ein bisschen ein Nachteil. Aber das ist mir egal. Es ist ja eine Entwicklung, es wird ja immer besser, es wird ja immer mehr. Mittlerweile kriegt man schon beim Discounter um die Ecke veganes Essen. Die beliebten veganen Käsesorten findet man in den normalen Supermärkten. Es wird einem immer leichter gemacht. Nichts desto trotz ist Deutschland immer noch ein veganes Entwicklungsland. Ich bin jetzt gerade für anderthalb Monate in den USA gewesen, im Großraum Los Angeles. Wenn ich da immer noch wäre, würde ich wahrscheinlich inzwischen schon 20 Kilo zugenommen haben. Vegane Supermärkte, die so riesig sind, dass man einen Blutsturz bekommen könnte, vegane Imbisse und Restaurants und was nicht alles – unglaublich! Aber in Amerika, speziell Kalifornien im Land der Schönen und Reichen, ist der Hintergrund ein gesundheitlicher und deswegen ist es Trend und überall zu finden. Da wird man schon ganz schön eifersüchtig, wenn man das mitbekommt. Da gehst du in einen veganen Supermarkt und hast nicht nur eine einzige vegane Eis-Sorte, sondern du hast zwei komplette Eisschränke mit 20 verschiedenen Marken mit jeweils zehn verschiedenen Sorten. Und vegane Käse in sechzig verschiedenen Geschmacksrichtungen, also das ist unglaublich.

Was ist für dich das Tollste oder das Schönste daran, vegan beziehungsweise möglichst tierleidfrei zu leben?
Wie schon erwähnt, sind meine Blutwerte der Kracher geworden. Ich hab' abgenommen und auch nicht wieder drauf gepackt, obwohl ich nicht wenig esse. Ich fühle mich fitter, ich fühle mich besser.

Wenn dir alle Menschen für eine Minute zuhören würden, was würdest du ihnen sagen?
Denkt mehr! ... Ich möchte einfach, dass jeder ein bisschen mehr darüber nachdenkt, was es bedeutet, dass es – ganz besonders in den Industrienationen – zum Sport oder zum Hauptziel geworden ist, zu jedem Zeitpunkt jedes Produkt zum geringstmöglichen Preis zu bekommen. Das macht alles kaputt, das zerstört alles und das ist es, woran unsere Gesellschaft krankt. Früher gab's auch nur sonntags Fleisch. Und muss ich tatsächlich Äpfel aus Chile bekommen? Muss es wieder der tolle Rechner aus Japan sein? Muss ich unbedingt diese exotische Frucht einmal die Woche essen? Einfach mal ein bisschen lokaler denken, ein bisschen mehr Beschränkung und mehr genießen. Vielleicht auch mehr selber produzieren, und, und, und... Nachhaltigkeit, wirkliche Nachhaltigkeit und mehr Empathie – nicht nur für Tiere, auch für andere Menschen. Unsere Zeit ist so schnelllebig, uns ist alles um uns herum egal. Da kann jemand zusammenbrechen. Wenn er Glück hat, ist irgendjemand in der Nähe, den's interessiert und der sich kümmert. Wie oft liegen irgendwelche Menschen in der Ecke – speziell an Bahnhöfen – und man sagt sich: ‚Der ist ja eh besoffen.' Aber vielleicht ist er gar nicht besoffen, vielleicht ist ja irgendwas anderes? Ein bisschen mehr Empathie, mehr Herz in allen Bereichen. Dann essen die Menschen automatisch auch weniger Tiere.

Gibt es noch etwas, das du gerne sagen würdest und nach dem ich nicht gefragt habe?
... Nö, das war ja schon eine ganze Menge... Doch, ich habe doch noch eine Message: Wenn ihr Fleisch essen wollt, dann tötet das Tier selber. Dann wollen wir mal sehen, was dann noch übrig bleibt. Was Paul McCartney schon sagte: ‚Wenn Schlachthäuser Wände aus Glas hätten, wären alle Menschen Vegetarier.' Das Augen-Verschließen vor allem, vor allem vor dem Hintergrund von Produkten, daran krankt

alles. Augen auf, hinterfragen! Alles hinterfragen! Nicht irgendwas einfach hinnehmen. Und wie gesagt: es gibt keine zärtlichen Schlachthäuser. Es gibt kein gutes Leben vor dem Schlachten, kaum irgendwo. Das Argument der Jäger ist ja immer: ‚Was wollt ihr denn, die Tiere haben ein gutes Leben, dann macht es BÄNG und sie sind tot.' Vielleicht das kleinste Übel. Bleibt aber immer noch ein Übel. Da ist immer noch ein Tier, das stirbt – nicht um mein Überleben zu sichern, sondern um meinen Genuss zu sichern. Das ist das einzige. Es kommen dann immer diese Argumente ‚Ja, wir haben doch schon immer Fleisch gegessen' und ‚Der Fuchs, der frisst ja auch Fleisch'. Ja, klar, der muss ja auch, der kann nicht anders. Wir können anders!

Danke, Heino, für dieses Interview!

Man muss nur mit den Leuten reden, dann bekommt man überall was Veganes

(Foto von Mille Petrozza:
Copyright Nuclear Blast/Natalia Stupnikova)

Mille ist Gitarrist und Sänger in der Thrash-Metal-Band „Kreator"[82]. Sie sind weltweit erfolgreich und oft auf Tournee. Seit 2008 lebt Mille vegan.

Mille, du spielst in der erfolgreichen Thrash-Metal-Band Kreator und ihr seid oft unterwegs. Wie funktioniert das da?
    Unterschiedlich. Es gibt in vielen Städten vegane Restaurants – man muss sie eben nur finden. Zum Glück gibt es die Happy-Cow-Homepage[83]. Weltweit kannst du da – wenn vorhanden – die jeweiligen veganen Restaurants finden. Aber manchmal muss man improvisieren. Was ich immer – gerade für Flughäfen – mitnehme, sind ganz viele Nüsse und ganz viel Wasser. Und für die Flüge selbst bin ich bei der Lufthansa mittlerweile als jemand registriert, der Schonkost braucht[84]. Das geht alles. Die meisten Promoter geben sich Mühe, vor Ort auch was Vernünftiges zu besorgen. Selbst in Brasilien war es gar kein Problem. Das ist bei Bands mittlerweile relativ normal, dass mindestens eine Person vegan oder vegetarisch lebt.

Kommt es trotz des Caterings auf Tournee auch vor, dass du irgendwo in der Welt sitzt und dir dein Essen selber zusammensuchen musst?
    Wir haben zwar einen Deal mit dem Veranstalter, dass wir immer was zu essen bekommen, aber was man natürlich oft essen muss, ist Pasta

---

82 Kreator: http://www.kreator-terrorzone.de/

83 Bei „Happy Cow" kann man veganfreundliche und vegane Restaurants in der Umgebung finden. http://www.happycow.net

84 Bei Fluggesellschaften können viele verschiedene Sondermahlzeiten bestellt werden, in der Regel auch veganes Essen. Je nach Fluggesellschaft wird es unterschiedlich benannt.

mit Gemüse oder Pasta aglio olio oder so. Manchmal geh ich trotz Catering selbst auf Essenssuche. Jetzt auf der letzten US-Tour haben wir's anders gemacht, da hat die Band ein bestimmtes Budget bekommen, womit wir dann selber einkaufen gegangen sind. Die amerikanischen Tourbusse sind ein bisschen wie ein Wohnzimmer eingerichtet. Da hab' ich mir einen Blender[85] gekauft und Smoothies gemacht. Damit bin ich sehr gut über den Tag gekommen. Man kann da aber auch an jeder Ecke veganes Zeug kaufen.

Du hast vorhin gesagt, dass es dir manchmal passiert, dass du nur Pasta aglio olio oder mit Gemüse hast. Hast du dann irgendwann das Gefühl du hast jetzt einen Eiweißmangel und musst auf Bohnenjagd[86] gehen?
Nein, auf gar keinen Fall. Das hab' ich noch nie verspürt. Ich hab' schon immer auf 'ne ausgewogene Ernährung geachtet. Ich glaube, wenn du dich nur von Fast Food ernährst, dann nutzt es dir auch nichts, wenn du dich vegan ernährst. Dann hast du auf jeden Fall Mangelerscheinungen, auch als Omnivore[87]. Meine Ernährung habe ich sehr gut im Griff. Manchmal nehme ich B12-Tropfen mit. Die sind das einzige synthetische, was ich nehme, um auf Nummer Sicher zu gehen.

Wie ist es, wenn du unabhängig von der Band unterwegs bist?
Da habe ich gar keine Probleme. Man muss einfach nur wissen wo und wie. Wenn ich zum Beispiel im Urlaub im Hotel bin, dann sag' ich das beim Koch und dann achten die da drauf. Das ist gar kein Thema. Auf Formentera war ich letztens. Da hat man dann am Buffet nicht explizit vegane Gerichte, aber man kann sich alles zusammenstellen. Dieses Gemüse-Buffet ist da unglaublich. Das ist ja für die meisten Leute nur Beilage, aber für mich ist das super!

Das kenne ich, man läuft dann am Buffet lang und isst die Dekoration.
Ja. (lacht)

---

85 „Blender" ist der amerikanische Begriff für einen Standmixer.

86 Hülsenfrüchte, wie beispielsweise Bohnen, enthalten besonders viel pflanzliches Eiweiß.

87 Omnivore (lat. omnis = alles) ernähren sich sowohl von Pflanzen als auch von tierischen Produkten. Beim Menschen bezeichnet man also damit diejenigen, die alle Nahrungsmittel essen, eben auch Fleisch (wozu wir hier auch Fisch, Muscheln, etc. zählen), Eier und Milchprodukte.

Gab es auch mal eine Situation, wo es doch schwierig war, etwas zu essen zu bekommen?

Naja, es ist nicht immer so einfach, wie ich das jetzt sage. Wenn sie zum Beispiel im Flugzeug vergessen, mich auf Schonkost zu setzen. Es gab mal eine Situation, da hat mir die Stewardess dann so ein paar Bananen und Äpfel gegeben. Das fand ich ein bisschen langweilig. Ich will ja bei der ganzen veganen Geschichte nicht auf Lebensqualität verzichten müssen. Ich muss allerdings sagen, dass ich zu Hause besser esse als auf Tour, weil ich da ganz genau weiß, was ich machen muss und wie und wo es was gibt. Da koche ich auch immer selbst und bin nicht abhängig. Auf Tour hast du manchmal nicht so gutes Essen, aber es gibt immer was. Es ist nie so gewesen, dass ich hungern musste. Wenn es sein muss, kriegst du ja selbst im Steakhaus noch eine Salatplatte.

Hast du Tipps zum Thema „Vegan auf Reisen"?

Also das kommt immer darauf an. Es gibt ja Veganer, die mögen keine Nüsse oder haben eine Nussallergie oder so. Für mich sind Nüsse im Zusammenhang mit schneller Sättigung und Nervennahrung eigentlich das beste, was passieren kann – natürlich ungesalzen. Wenn ich zum Beispiel unterwegs bin, bin ich ja lang an Flughäfen. Bevor ich da in irgendeinem Flughafenladen mir was ganz grausiges für 20 Euro kaufen muss – wo ich nicht mal die Garantie hab', dass es vegan ist – esse ich lieber Cashews oder Mandeln. Die nehm' ich immer mit – und so'n paar Dosen mit Streichpasteten damit ich beim Frühstück etwas habe, falls es das da nicht gibt. Damit komm' ich eigentlich immer ganz gut durch.

Deine eiserne Reserve, wenn nichts geht?

Ja, und meistens ist das nach zwei Tagen weg. Es ist auf Reisen ja nicht so, dass überall plötzlich der vegane Planet existiert. Gerade an Flughäfen! Jeder stellt sich so eine Tour total aufregend vor. Man sieht total viel und trifft ganz viele Leute. In der Realität sehen wir in erster Linie Flughäfen und Hotels – und natürlich die Clubs. Aber ansonsten ist da nicht viel. Sightseeing geht manchmal, wenn man nicht ultramüde ist – aber meistens ist man das, weil man jeden Tag fliegen muss. Deswegen ist es schwierig für mich, so'n Tipp abzugeben. Wenn man an einen bestimmten Ort fährt, kann man sich ja im Internet informieren. Was eigentlich auch immer geht – das sag' ich jetzt nicht nur, weil ich italienischer Abstammung bin – ist, zum Italiener zu gehen. Da ist die Küche von sich aus schon ziemlich vegan. Wenn man den Parmesan weglässt, gibt es mindestens drei bis vier Sachen, die man essen kann.

Metal ist ja nicht unbedingt Mainstream – und vegan auch noch nicht. Denkst du, dass Leute abseits des Mainstream eine größere Offenheit gegenüber neuen Ideen haben? Gibt es unter den Metallern eine Bewegung hin zum Veganismus?

Das ist immer schwierig zu sagen... es gibt für mich nicht den typischen Metaller, es gibt auch nicht den typischen Menschen. Metal ist ja eigentlich nur eine Art Subkultur, die sich mittlerweile auch breiter etabliert hat. Da gibt's alle möglichen Leute. Da gibt's ganz viele Karnivoren[88] und mittlerweile auch ganz viele Vegetarier und Veganer. Überraschend viele sehen das inzwischen als Option. Aber man muss dazusagen, dass es ja auch in der Mitte der Gesellschaft angekommen ist. Es ist nicht mehr ganz so exotisch, nach veganem Essen zu fragen, wie noch vor Jahren.

Wie sieht es bei den Fans von Kreator aus? Sprechen dich Leute darauf an?

Ja, ich hatte auf der Südamerika-Tour ganz viele solche Erlebnisse. Fans sind zum Flughafen gekommen oder ins Hotel und haben mir veganes Zeug gebracht und gesagt, dass sie auch vegan leben und sich für PETA[89] engagieren oder einfach für die vegane Lebensweise. Und das sind dort ja wirklich Länder, wo Fleisch eine ganz, ganz große Tradition hat. In manchen Restaurants weiß man gar nicht, was man essen soll. Es gibt ja diese Churrascarias, da wird dir so'n Stück Fleisch auf 'nem riesigen Spieß serviert und der Promoter denkt dann immer, er tut einem was Gutes, wenn er einen in so ein Ding bringt. Was natürlich gut ist, ist dieses unglaubliche Salatbuffet, das es immer gibt. Aber gerade in Südamerika haben mich ganz viele Fans angesprochen. Ich hab' sogar Fahnen bekommen, wo irgendwas mit vegan draufstand. Ich weiß nicht, ob

---

88 Karnivore (lat. carnis = Fleisch, vorare = verschlingen) sind Lebewesen, die sich von Fleisch ernähren. Dem stehen die Herbivoren (lat. herba = Kraut) quasi gegenüber, die sich sich nur von Pflanzen ernähren.

89 PETA (People for the Ethical Treatment of Animals = Menschen für die ethische Behandlung von Tieren) ist eine gemeinnützige Organisation, die sich für Tierrechte einsetzt. http://www.peta.de/

das jetzt generell dort im Kommen ist oder ob sie einfach gehört haben, dass ich vegan bin und dadurch inspiriert wurden. Auf jeden Fall ist es gut, dass sich da was bewegt.

Und wie sieht es bei euch in der Band aus? Du bist ja der einzige Veganer. Habt ihr auch Fleischesser dabei?

Äh ... nur! Aber da bin ich tolerant. Ich meine, was soll ich dazu sagen. Ich will da nicht missionieren. Es ist meine Entscheidung, vegan zu leben und genauso ist es für andere Leute eine bewusste oder unbewusste Entscheidung – wie auch immer – dass sie meinen, sie müssten sich mit Fleisch ernähren. Das muss jeder selber wissen, was er macht.

Auch ohne zu missionieren beeinflusst man seine Umgebung ja oft einfach dadurch, dass sie sehen, dass man was anders macht. Wie ist das bei dir?

Ich glaube, in Gesprächen oder Begegnungen ist oft ein bisschen Unsicherheit dabei. Wenn man sagt, man ist Veganer, sind viele Leute erst mal neugierig und stellen Fragen. Das ist der beste Fall. Der blöde Fall ist, es werden bescheuerte Witze gemacht. Das Allerblödeste ist, wenn sie denken du würdest dich quasi über sie stellen, weil du jetzt einen bestimmten Lebensstil vertrittst, obwohl du den tatsächlich aber nur erwähnt hast, weil es nötig war. Wenn ich im Restaurant bin, dann muss ich meistens sagen, dass ich vegan bin. Wenn da auf der Karte fünf vegane Gerichte stehen würden, dann müsste ich das nicht erwähnen. Für mich ist das so normal in meinen Alltag eingebaut, dass ich so wenig wie möglich darüber spreche. Wenn ich es dann doch mal sagen muss, gibt es oft komische Reaktionen. Manchmal auch nette Reaktionen. Manchmal fühlen sich die Leute auch so komisch ertappt und sagen mir dann: ‚Ich esse ja auch nur noch ganz wenig Fleisch.'

‚Und wenn, dann nur Bio.'

Ja genau: ‚Und wenn dann nur Bio'. Ich denk' mir dann immer: ‚Ey, ist doch alles gut, macht doch was ihr wollt.' Ich habe mich ja nicht dafür entschieden, vegan zu sein, um anderen Leuten zu erzählen, was sie machen sollen. Sondern ich mach' das, weil ich davon überzeugt bin... Ob die jetzt wenig oder viel Fleisch essen, ist mir doch egal.

Ist das auch der Grund, warum du sagst du willst das möglichst wenig erwähnen? Willst du diesen Diskussionen aus dem Weg gehen?

Also ich bin offen für kluge Diskussionen. Aber ich hab' keinen Bock auf diesen blöden Witzkram und ‚hach, wo kriegst du denn dein Protein her?' Das möchte ich nicht mehr. Das hab' ich schon zu oft besprechen müssen und das ist für mich so... einfach nur mühsam.

All diese Sachen, die auf dem Veganer-Bingo[90] draufstehen?

Ja, genau. Das hat man irgendwann so satt. Man will solche Fragen dann nicht mehr beantworten.

Mille, du bist ja in einer normalen Alles-Esser-Familie aufgewachsen. Wie bist du dazu gekommen, dich neu zu orientieren und vegan zu leben? Gab es irgendwelche Anstöße?

Ja, natürlich. Irgendwann mal, in den Neunzigern, hatte ich in einem Fast-Food-Restaurant was ganz Schlechtes erwischt und danach habe ich einfach kein Fleisch mehr gegessen. Der vegane Anstoß war eine Freundin in Amerika, die mir das ein bisschen nähergebracht hat. Dann habe ich meine jetzige Frau kennengelernt und die war auch vegan. Als wir zusammengezogen sind, war für mich klar, dass ich auch vegan werde. Es war ja kein großer Schritt vom Vegetarier zum Veganer. Aber ich habe das nicht aus praktischen Gründen gemacht, sondern weil ich überzeugt wurde. Jahrelang hatte man als Vegetarier ausgeblendet, dass es völlig inkonsequent ist, wenn man Milchprodukte konsumiert.

Aus ethischen Gründen?

Ja, genau. Damit musste ich mich erst mal beschäftigen und jetzt ist es für mich einfach nur logisch. Das ist nichts, worüber ich noch großartig nachdenke.

---

90 Wenn man nach „Vegan Bingo" googelt, findet man mehrere davon. Ein prominentes ist das des VEBU (Vegetarierbund Deutschland):
https://vebu.de/tiere-a-ethik/spiele/877-veggie-bingo

Was bedeutet es für dich, vegan zu leben? Also nicht nur vom Essen her, sondern insgesamt, so als Gesamtpaket?

Also weniger, als man sich jetzt vorstellt. Ich gehöre ja nicht zu diesen dogmatischen Typen, die sich nur mit Veganern umgeben oder so. Vegan zu sein ist für mich ein Teil meines Lebens, ein wichtiger Teil meines Lebens, über den ich aber nicht mehr nachdenke. Ich fühle mich nicht als Mille, der Veganer, sondern in erster Linie als Mille. Und ich find' auch im Veganismus darf's keine Dogmen und keine Gesetze geben. Ich hab' eine Freundin in Amerika, die wurde letztens auch vegan. Sie ist seit Urzeiten Vegetarierin, aber mag so gerne Käse. Dann hat sie mit einer anderen Freundin darüber gesprochen und die meinte: ‚Dann sei doch die Veganerin, die ab und zu mal, wenn sie absoluten Heißhunger hat, Käse isst.' Das kann doch jeder machen wie er will. Ich finde dieses Dogmatische schlimm. Aber jeder, der darüber nachdenkt, wird merken, dass es gerade heutzutage ultra-einfach ist, vegan zu leben. Und ich fühle mich dadurch auf jeden Fall besser als vorher. Ich hatte wahrscheinlich irgendwann eine Laktoseintoleranz entwickelt. Diese ganzen Milchprodukte sind mir gar nicht mehr so richtig bekommen. Seit ich vegan lebe, geht's mir gut. Ich glaube, man sollte sich einfach entspannen und wenn man Bock drauf hat, macht man das und wenn nicht, dann macht man's eben nicht. Es sollte nicht so eine Art Religion werden oder so etwas wie ein Geheimbund oder eine Art Sekte. Das stößt eher ab, als dass es Leute überzeugt. Für mich ist es so, dass ich eben vegan bin. Punkt. Das ist jetzt nichts, was mich irgendwie auszeichnet oder so. Das ist einfach ein Teil meines Lebens. So bin ich geworden und so ist das jetzt.

Das heißt, du trittst für einen Veganismus ein, der auch mal eine Ausnahme zulässt?

Das soll jeder für sich entscheiden. Als ich vegan wurde, hatte ich auch diverse Lederjacken und Lederschuhe, die noch nicht aufgetragen waren. Ich hab' auch noch 'nen Ledergürtel. Wenn ich jetzt neue Sachen kaufe, achte ich natürlich darauf. Aber so ein unglaublicher Haufen von Regeln, wenn man nur noch sieht ‚das darf' und ‚das darf nicht' und ‚das darf nicht', das schreckt viele Leute ab. Ich glaube, das muss man über'n Haufen werfen. Dann hat man auch mehr Spaß daran, denn es soll ja Spaß machen, sich vegan zu ernähren. Du sollst dich ja nicht selbst kasteien. Du sollst das aus einer inneren Überzeugung heraus durchziehen und es nicht als etwas sehen, was dich selbst einschränkt. Es ist eher etwas, das dir eine ganz, ganz große, neue Welt eröffnet. Viele denken, wenn ich vegan werde, dann darf ich ja nicht mehr das und dann darf ich nicht mehr das und dann darf ich nicht mehr das. Das ist schon mal totaler Quatsch, denn du darfst alles. Du sollst dich nur dazu entscheiden, wenn du vegan wirst, bestimmte Dinge nicht zu konsumieren. Das ist deine Entscheidung, die hast du selbst getroffen, die kannst du dann auch so auslegen und die Grenzen so erweitern, wie du willst – wenn du willst. Also ein Beispiel: ich mag gerne Rotwein und auch Weißwein. Nicht immer sind Rotwein[91] und Weißwein vegan. Da bin ich nicht 100%iger Veganer, weil ich da nicht immer drauf achte.

Du hast gerade vorher gesagt, dass es nicht nur Einschränkung ist, sondern vor allem eine ganz neue Welt, die sich auftut. Was war für dich diese neue Welt, die sich aufgetan hat?
    Die Vielfalt an Rezepten und kulinarischen Möglichkeiten. Es schmeckt einfach super. Auch schon vor meiner veganen Zeit habe ich mich immer mit gutem Essen auseinandergesetzt und lieber dafür Geld ausgegeben, als für irgendetwas anderes. Durch die vegane Lebensweise gebe ich weniger Geld aus und es ist einfach so unglaublich gutes Essen. Das ist doch perfekt, besser geht's kaum. Natürlich achtest du darauf, dass du qualitativ gute Sachen verarbeitest. Ich glaube, wichtig ist die ausgewogene Ernährung. Wenn man das mit Veganismus kombiniert, dann holt man wirklich alles raus.

Hast du ein Beispiel parat, was für dich so ein veganes Entdeckungs-Highlight war?
    Ja, das hatte ich erst letztens. Eine Freundin hat mir ein Rezept von einem veganen Schokopudding geschickt. Ultra einfach. Du tust eine Avocado zusammen mit einer Banane und Kakaopulver in den

---

91 Weine, vor allem Rotwein, aber auch klare Fruchtsäfte werden geklärt. Dies geschieht oft mit Hilfe von Gelatine oder Eiklar.

Blender. Schon hast du diesen unglaublich guten, veganen Schokopudding, der Knaller! Und er ist sogar noch Rawfood[92]. Perfekt!

Man versucht ja erst mal immer, die gewohnten Sachen zu ersetzen, also den veganen Pudding mit Pflanzenmilch[93] zu kochen. Aber das ist ja jetzt ein ganz anderer Ansatz.
Genau!

Mille, hat sich bei dir der Geschmackssinn umgestellt seit du vegan geworden bist?
Ja. Zum Beispiel letztens hatte ich aus Versehen Käse gegessen. Ich hatte das nicht gewusst und hab' gedacht, das sollte vegan sein. Das hat mein Magen nicht mehr so richtig mitgemacht. Früher hatte ich Käse total gerne gemocht. Aber mittlerweile… Also meine Reaktion auf bestimmte Lebensmittel ist anders geworden. Beim Geschmack ist es einfach so, dass ich schon immer gutes Essen gemocht hab'. Aber in den Jahren als Hobbykoch hab' ich gemerkt, dass beim Kochen weniger mehr ist. Wenn du zum Beispiel etwas machen willst, das nach den Zutaten schmeckt, dann solltest du nur wenige Zutaten benutzen, wenig würzen und wirklich diese Zutaten für sich sprechen lassen. Salz und Pfeffer reicht für viele Sachen, die schon von sich aus genial sind. Dafür musst du natürlich wieder gute Qualität kaufen. Du kannst zum Beispiel nicht mit irgendwelchen Wassertomaten einen guten Tomaten-Salat machen. Auch ein anderes Stichwort ist saisonal essen. Ich esse nun mal im Winter keine Erdbeeren. Das machen ja auch viele, und damit macht man seinen Geschmackssinn auch kaputt, beziehungsweise es schmeckt einfach nur zum Kotzen.

Hat sich bei dir gesundheitlich was geändert, seit du vegan lebst?
Ja, ich fühle mich topfit, hab' ultra Energie. Aber es hängt auch damit zusammen, dass ich versuche – und das habe ich auch als Vege-

---

92 Rawfood wird nicht über eine bestimmte Temperatur – oft 42 Grad Celsius – erhitzt. Mehr zum Thema „Rawfood" steht in unserem Interview „Fleischesser wissen ja gar nicht, was sie alles verpassen" mit Lars Hoßmann.

93 Pflanzenmilch: Offiziell heißen diese Getränke nicht „Milch", sondern Soja-Drink, Reisdrink, Haferdrink, Mandeldrink etc.

tarier schon immer versucht – so viel Gemüse und so viel Obst pro Tag zu essen wie es geht, auch in roher Form. Stichwort Blender: das ist das Beste, was ich mir in den letzten Monaten angeschafft hab'. Ohne viel Aufwand kannst du dir da schon die ganze Energie des Tages rausholen und brauchst dann gar nichts mehr an Fertigfraß oder so. Als Vegetarier hab' ich mir ab und zu noch mal so eine komische Tiefkühlpizza geholt. So was kommt jetzt nicht mehr vor.

Mille, was ist für dich das Schwierigste daran, vegan zu leben?
Eigentlich gar nichts. Ich find's nicht schwierig, vegan zu leben. Ich finde nur, dass momentan eine sehr komische Zeit für Veganer ist. Die Medien sind völlig darauf angesprungen und du liest alle fünf Minuten was über vegan oder nicht-vegan und jeder hat plötzlich 'ne Meinung dazu. Aber es ist natürlich positiv, dass viele das jetzt mal ausprobieren und das auch toll finden. Also schwierig ist gar nichts, wirklich gar nichts. Wenn überhaupt irgendwas doof ist, dann sind das diese dummen Sprüche, mit denen man manchmal noch zu tun hat. Aber das ist sehr, sehr selten.

Was ist für dich das Schönste daran, vegan zu leben?
Der Austausch mit anderen und diese kulinarische Entdeckungsreise. Die ist immer wieder gut und man lernt viele tolle Leute dadurch kennen, mit denen man schon mal einen gemeinsamen Nenner hat. Von da aus kann man dann gucken, ob man mit ihnen klarkommt oder nicht. Leute, die vegan sind, sind oft sehr reflektierte Menschen. Und die finde ich immer ein bisschen interessanter als irgendwelche Leute, mit denen ich nicht auf einer Wellenlänge bin.

Mille, wenn dir alle Menschen auf der Welt für eine Minute zuhören würden, was würdest du ihnen sagen?
(lacht) Ich hab' nichts zu sagen… das ist schwierig, das ist so schwierig. Also ich würde mir nicht anmaßen, da irgendwas sagen zu können. Ich weiß nicht mehr als jemand anders. Ich glaube, wenn ich überhaupt etwas sagen würde, dann einfach: Hört auf euer eigenes Inneres und denkt doch mal über manche Dinge mehr nach. Seid nicht so damit beschäftigt, eure Leben zu organisieren. Macht mal was für euch.

Das muss nicht mal vegan sein. Das muss nicht mal vegetarisch sein. Man muss sich bewusst darüber werden, dass das Leben jetzt stattfindet. Es kommt nicht viel mehr. Es kommt nicht dieser komische Tag, wo alles plötzlich noch zehnmal besser ist. Es kann eigentlich nicht besser werden als es jetzt schon ist. Viele Leute haben ja so eine Art Leben, wo sie immer in der Zukunft leben, weil sie irgendwas erreichen wollen oder in der Vergangenheit, weil sie irgendwelchen Dingen hinterhertrauern. Ganz wenige Leute leben im Hier und Jetzt. Ich würde ihnen sagen, sie sollen doch versuchen, im Hier und Jetzt zu leben und auf sich zu achten. Dass wär's eigentlich schon ... Wenn die mir dann zuhören würden, vielleicht wäre das schon gut.

Das ist doch gar keine so schlechte Botschaft für die Welt. Gibt es noch irgendwas, was dir wichtig ist und nach dem ich nicht gefragt habe?
Also ich hab' eigentlich schon alles gesagt. Was ich noch mal betonen würde: man muss den Respekt vor dem veganen Lebensstil ein bisschen verlieren. Sehr viele sind gehemmt, die wissen nicht wie das geht und die kennen vielleicht keinen, der auch vegan ist. Einfach versuchen, einfach ausprobieren. Auch mit einfachen Mitteln kann man ganz viel machen. Und wenn man nur frische Sachen kauft und immer darauf achtet, dass man sich vernünftig ernährt, dann gibt's da auch gar nicht so viele Hürden, die man überspringen muss. Es ist ganz leicht und es macht super Spaß. Es ist eine sehr positive Lebensphilosophie, man braucht keine Angst davor zu haben. Und jeder kann mitmachen, auch Leute, die erst mit 70 vegan werden wollen, können mitmachen.

Mille, vielen Dank!

Vegan weltweit ist kein Problem, wenn man freundlich mit den Menschen spricht

(Foto von Justin P. Moore: Copyright Ashley Ludaescher Photography, http://ashleyludaescher.com/de)

Justin reist um die Welt, um Menschen und ihre Kulturen kennenzulernen. Dabei lässt er sich auch für seine Rezepte inspirieren, die er auf seinem Blog www.lotusartichoke.com und in seinen Büchern[94] veröffentlicht. Er lebt schon seit vielen Jahren vegan.

Vegan auf Reisen, das ist immer wieder ein Thema. Du bist ja weltweit und auch abseits von den Touristenpfaden unterwegs. Wie schaffst du es, immer etwas zu essen zu bekommen?
Ich finde es gar nicht so schwer, sich unterwegs vegan zu ernähren. Für mich hat es viel mit Bescheidenheit, Höflichkeit und Respekt für die einheimische Kultur zu tun. Ich denke, es ist der falsche Ansatz, wenn man in einem Restaurant oder bei jemandem zu Hause ist und sagt: ‚Ich bin Veganer. Was habt ihr für mich?' Ich drehe das etwas um und frage zuerst: ‚Hi, was habt ihr hier?' und dann erst sage ich: ‚Das ist es, was ich gern esse' und frage: ‚Könntet ihr für mich etwas machen?' Also viel Respekt zeigen und Verständnis. Dann ist das gar nicht so schwer, etwas Passendes zu bekommen. Auch in Mexiko und China war es nicht problematisch.

Gibt es Herausforderungen, die dir unterwegs besonders oft begegnen?
Mit der Sprache ist es manchmal etwas schwierig. Ich suche absichtlich Länder aus, wo ich schon mit der Sprache ein bisschen was machen kann, beziehungsweise wo auch die Sprachen funktionieren, die ich kann. Außerdem lerne ich immer ein paar Basics in der Landessprache. Man muss wirklich mit den Kleinigkeiten anfangen. Das heißt, in der einheimischen Sprache ‚Hallo' sagen und begrüßen. Dann kann man

---

94 Justin hat bisher drei Bücher mit Reiseberichten und Rezepten veröffentlicht.

eigentlich alles organisieren. Also hauptsächlich geht es darum, gegenseitig Verständnis für unsere Kulturen zu haben. Und ich versuche, meine Ansprüche und Erwartungen – die ich natürlich auch habe – etwas im Hintergrund zu behalten, bis ich weiß, dass wir uns gut verstehen können. Ich mag keine großen Kompromisse, aber manchmal stelle ich nicht ganz so viele Fragen, wie ich sie im eigenen Land stellen würde. Zum Beispiel frage ich beim Bäcker nicht immer, ob ich die Zutatenliste sehen darf. Also ich esse grundsätzlich nichts, wo ich weiß, dass totes Tier dabei ist. Das ist auf jeden Fall ein No-Go für mich. Aber meiner Erfahrung nach passiert es nur ganz, ganz selten, dass man in einer Situation ist und wirklich konkret sagen muss ‚Nein, das esse ich nicht. Nimm das bitte zurück.' Meistens kann man das umgehen, indem man ein bisschen erklärt. Aber ich bin nicht auf dem Missionieren-Trip. Es ist gar nicht so meine Absicht wenn ich reise, Leute über mich und über meine Ernährungsweise oder meine Lebens-Entscheidungen zu informieren.

Gab es bei dir mal so eine Situation, wo du doch etwas ablehnen musstest?
Also das ist so was von selten. Was öfter passiert – was aber für mich auch keine große Sache ist – ist, dass es zum Beispiel in Indien, bei Leuten zu Hause, Chai gibt, das ist so ein Milchtee. Das ist schon ein paar Jahre her, seit es mir das letzte Mal passiert ist. Die ganze Familie war da und dann kam jemand mit dem Tablett mit Chai herein. Ich versuche dann, ein paar Mal ‚Nein danke' zu sagen. Aber wenn ich das Gefühl habe, ich würde jemandem auf die Füße treten, nehme ich den Chai. Ich muss das ja nicht immer trinken. Aber ich habe das niemals erlebt, dass Fleisch auf dem Tisch vor mir war und ich das ablehnen musste.

Da möchte ich noch mal nachhaken. Man liest ja immer wieder, dass in einigen Ländern Fleisch auf dem Tisch was ganz besonderes ist, das dann auch extra zu Ehren des Gastes gemacht wird.
Ja, ich höre das auch immer wieder von anderen Leuten, vor allem über Lateinamerika und auch Südasien. Aber solche Erfahrungen habe ich nicht gemacht. In Mexiko waren wir drei Monate unterwegs und ich hatte keine Probleme. Manche verstehen es nicht, wenn du sagst: ‚Ich hätte gerne die Pizza, aber bitte ohne Käse' oder: ‚Statt mit Schinken,

bitte einfach mit mehr Avocado drauf'. Im schlimmsten Fall bekommt man dann kein Fleisch und auch keine Avocado.

Wenn du zum Essen eingeladen wirst, sprichst du deine Essgewohnheiten dann vorher an?
    Genau. Bis dahin wissen die meisten Leute Bescheid. Wenn ich eine Einladung bekomme, dann versuche ich nicht, das mit Begriffen zu erklären, die vielleicht unbekannt sind, sprich „vegan". Ich sage stattdessen: ‚Ich esse kein Fleisch, ich esse vegetarisch und solches Gemüse mag ich.' Ich habe das einmal in Deutschland erlebt, dass wir spät nachts bei einer Gaststätte angekommen sind. Auf der Speisekarte waren schon ganz viele vegetarische Sachen. Ich hab' gefragt: ‚Können wir hier was vegetarisches ein bisschen abwandeln?' ‚Ja klar, machen wir sehr gerne und die Küche ist immer bereit, ein Special zu machen.' Sie haben uns dann zwei Riesen-Teller ganz vegan gemacht, viele verschiedene Gemüse und Getreide und Salate. Später kam die Kellnerin wieder: ‚Wie war's? Hat es geschmeckt?' Und wir sagten: ‚Ja, das war lecker und vielen Dank!' Da meinte sie auf einmal: ‚Ja Gott sei Dank seid ihr keine von diesen verrückten Veganern, die sind so anstrengend!' Wir mussten nur lachen.

Gibt's so ein Erlebnis, wo du sagst, das war die schwierigste Situation unterwegs etwas zu essen zu bekommen?
    Das ist schon lange her. Das Schwierigste, was ich je erlebt habe, war in Moskau, als ich ziemlich ungeplant für zwei Tage dort war. Ich hatte keinen Sprachführer, keinen Reiseführer und ganz, ganz wenig Sprachkenntnisse. Ich bin mehrere Stunden rumgelaufen und hab' was gesucht. Irgendwann hab' ich so einen Imbisswagen auf der Straße gesehen mit Kartoffeln. Und dann musste ich mich mit einer ganz einfachen gebackenen Kartoffel zufrieden geben. Ich hatte versucht, ob ich vielleicht ein bisschen Gemüse dazu bekommen kann. Aber das war schwierig. Das zweite schwierige Erlebnis war in Marokko, ganz auf dem Land. Ich kann wenig Französisch und noch weniger Arabisch. Wir waren zu mehreren unterwegs. Das verkompliziert es manchmal, wenn du mit anderen Leuten, die alles essen, unterwegs bist. Du willst den Gastgebern oder dem Restaurant Bescheid geben, dass die anderen alles essen, aber du nicht. Du glaubst, dass die das verstanden haben – und dann kommt

Hähnchen-Eintopf für vier und nicht für drei. Aber das ist meist nicht so dramatisch. Dann können die anderen meine Suppe mitessen und ich bestelle noch was. Aber damals in Marokko taten die Gastwirte so, als würden sie Englisch verstehen und wir haben versucht mit unseren Brocken Französisch und Englisch zu erklären, was wir bestellen wollten. Sie haben uns was ganz anderes gebracht. Dann mussten wir erklären, dass wir das nicht bestellt hatten. Mit der Rechnung gab es dann auch richtig Ärger und auf einmal konnten sie gar kein Englisch mehr und haben unsere Französisch-Versuche auch nicht mehr verstanden. Aber das war wirklich eine Ausnahme.

Justin, du hast ja gesagt, dass du die Leute immer erst mal höflich begrüßt und so und mit denen sprichst. In wie vielen Sprachen kannst du ‚Hallo' sagen?

Hmm... vielleicht zehn, zwölf? Also die Begrüßung lerne ich für jedes Land, das ist Pflicht für mich. Es gibt so fünf oder sechs Worte, die man immer auswendig lernen sollte: ‚Hallo' und ‚Tschüss', ‚Bitte' und ‚Danke'. Und vielleicht etwas Lustiges, so als Eisbrecher. Das hilft schon viel mehr, als das Auswendiglernen von ‚ich bin Veganer' oder ‚ich esse kein Fleisch'. Mir geht's hauptsächlich um eine kulturelle Erfahrung. Und erst danach darum, ob ich was Passendes zum Essen bekomme.

Was erzählst Du dann so als Eisbrecher? Kannst du ein Beispiel geben?

Für China zum Beispiel hatte ein Freund mir vor der Reise einen Zettel auf Chinesisch geschrieben: ‚Ich esse Gemüse. Können sie mir bitte etwas ohne Fleisch und nur mit Gemüse vorbereiten?' Ich hatte auch gelernt, wie man das ausspricht. Das war immer total lustig und kam gut an. Ich war damals alleine unterwegs. Auf dem Land in irgendeiner Industriestadt stand ich abends mit diesem Zettel in meinem Hotel und hatte riesen Hunger. Ich habe ‚Hallo' gesagt und meinen Zettel gezeigt. Alle haben nur gelächelt. Dann habe ich versucht das auszusprechen, was auf dem Zettel stand und sie haben natürlich gelacht. Ich musste das mehrmals wiederholen. Sie haben meinen Zettel gelesen, dann sind alle in die Küche verschwunden. Ich war mir nicht so sicher, ob sie das wirklich verstanden hatten. Kurz danach kam das ganze Personal aus der Küche mit allen Sorten von Gemüsen und verschiedenem Tofu. Auf einmal standen da also acht, neun lächelnde Leute vor mir und alle hatten drei oder vier verschiedene Lebensmittel in der Hand. Ich durfte aussuchen: ‚Ja, das bitte' oder: ‚Nein danke'. Zwanzig Minuten später kamen sie mit drei oder vier Gerichten zurück. Ich fand das sehr rührend und nett.

Das ist eine total schöne Geschichte. Eigentlich wollte ich dich jetzt fragen, was dein schönstes Erlebnis war. Aber das war es wahrscheinlich schon.
    Das war wirklich schön. Ich kann noch eine Geschichte vom nächsten Tag erzählen. Ich war spazieren und ein Mann stand mit einem Megafon vor seinem Restaurant und hat auf chinesisch erklärt, was die Tagesgerichte sind und die Passanten aufgefordert ins Restaurant zu kommen – nehme ich an. Sobald er mich gesehen hatte, wurde er ganz aufgeregt und mit gebrochenem Englisch hat er erklärt, ich müsste jetzt ins Restaurant: ‚Komm, komm, jetzt was essen'. Ich dachte: ‚Ja okay, warum nicht?' und ging in das Restaurant. Es war ganz leer, ich war der einzige Gast. Die Speisekarte war nur auf chinesisch und er konnte wirklich nur so zehn oder zwanzig Worte Englisch. Da habe ich ungefähr zwanzig Minuten lang mit meinem Sprachführer versucht, diese Speisekarte zu verstehen. Schließlich hatte ich was gefunden, das ich verstehen konnte und schon mehrmals gegessen hatte. Ich schaute hoch um zu bestellen und hab' gesehen, dass das ganze Restaurant brechend voll war mit Einheimischen, die mich alle angeschaut und gelächelt haben. Ich war so ein Köder. Er hatte mich extra eingeladen und vor das Fenster gesetzt. Das fand ich total süß. Einige sind dann auch zu mir gekommen, haben am Tisch mit mir gesessen und versucht mit mir zu sprechen. So was passiert fast jeden Tag, wenn du unterwegs bist und positiv eingestellt.

Hast du ein Lieblingsland?
    Favourites sind immer schwierig für mich. Also Indien steht ganz vorne auf der Liste. Aber ich war ein paar Wochen in Nepal auf einer Trecking-Tour und fand das auch wunderschön. Die Leute waren toll. Die Natur war überwältigend schön. Kambodscha war auch ein richtig schönes Abenteuer. Ehrlich gesagt sind alle Länder meine Lieblingsländer, wenn ich da bin. Und ich hab' über die Jahre auch gelernt, dass man viel mehr genießt und viel mehr lernt, wenn man ohne Erwartung in ein Land reist. Allmählich hab' ich angefangen, mich weniger zu informieren

und nicht alles ausführlich im Voraus aufzuschreiben, was ich machen will und wo ich an welchem Tag bleiben will. Je flexibler man ist, desto mehr Spaß macht es. Ich lasse mich überraschen.

In wie vielen Ländern warst du schon?
Inzwischen ungefähr in 45 Ländern. Dieses Jahr war ich in fünf neuen Ländern: Nigeria, Sri Lanka, Qatar, Ungarn und Schottland. Ich versuche jedes Jahr mindestens ein neues Land zu besuchen.

Du hast vorher gesagt, dass du in Nepal eine Trecking-Tour gemacht hast. Wie war es da mit der Verpflegung? Musstest du dein Essen mitnehmen?
Eigentlich habe ich nur Snacks und Kleinigkeiten mit mir rumgetragen. Das hängt aber auch davon ab, welche Route man nimmt. Ich hab' extra den Annapurna Circiut ausgesucht. Das ist eine Rundreise an mehreren Achttausender-Bergen vorbei. Du musst nie länger als höchstens sechs bis acht Stunden laufen bis du an das nächste Dorf kommst. Dort gibt es immer ein kleines Teahouse mit einer kleinen Speisekarte mit vegetarischen beziehungsweise veganen Gerichten. Man sagt, das Essen würde langweilig, weil es immer nur Daal Bhaat[95] gibt mit Beilagen. Aber ich fand das total spannend. Alle haben es anders zubereitet. Also das war supereinfach. Es gibt auch Routen, wo das etwas schwieriger ist, weil du länger unterwegs bist. Aber ich suche meine Ziele immer ziemlich gut aus, rede mit anderen Reisenden und schaue, was passen würde.

Was ist dir von dieser Reise noch besonders in Erinnerung?
Die Stille. Zu der Zeit, 2001, musstest du wirklich das ganze zu Fuß machen. Es gab keine Straßen, keine Autos. Ich war also drei Wochen nur auf Wanderpfaden durchs Gebirge, durch den Dschungel, durch die Wälder unterwegs. Inzwischen gibt es zwei oder drei befahrbare Straßen, wodurch man sich das leichter machen kann. Aber damals waren das drei Wochen ohne Autogeräusche.

---

[95] Daal Bhaat ist das nepalesische Nationalgericht. Es besteht aus Reis (Bhaat) und Linsen (Daal). Früher wurde es von den Nepalesen einfach nur „Essen" genannt. Als Beilage gibt es meist Gemüse oder Fleisch.

Justin, wie bist du selber dazu gekommen, dass du vegan lebst?

Schon mit sieben oder acht Jahren habe ich mir Gedanken gemacht beim Essen und hab' festgestellt, dass das Fleisch von einem Tier kommt. Das fand ich sehr unangenehm. Ich habe meinen Eltern dann immer so komische Fragen gestellt: ‚Was ist das für ein Tier?' Und: ‚Welcher Körperteil ist das hier?' Es war schon klar, dass ich das irgendwie fragwürdig fand. Aber ich glaube es war erst mit 12 oder 13, dass ich das erste Mal von dem Begriff „Vegetarier" gehört habe. Ich wusste sofort, das könnte für mich passen. Mit 15 habe ich ein paar Texte von den Misfits und anderen Punk-Hardcore-Bands gehört. Die gingen nicht um Tierrechte, aber mir wurde klar, dass es auch eine Lebensweise gibt mit weniger Gewalt. Und als ich rausgefunden habe, dass es sogar gesünder ist und dass es eigentlich ganz schön viele Leute gibt, die so leben – zwar nicht in der westlichen Welt – da wollte ich das versuchen. Mit 15 habe ich mich für eine vegetarische Lebensweise entschieden und bis ich 17 war, habe ich ganz auf vegan umgestellt. In der Zeit habe ich auch angefangen, wirklich viel für die Familie und Freunde zu kochen. Das ging dann einfach so weiter. Es hat für mich gut funktioniert und es funktioniert noch immer ganz gut. Ich glaube, dass das die richtige Entscheidung für mich war.

Ist dir damals irgendetwas schwer gefallen bei der Umstellung?

Eigentlich nicht. Ich hatte anfangs nicht so viel Verständnis von meinen Eltern und von meiner Oma. Alle haben Scherze gemacht und komische Kommentare abgegeben. Ich glaube, nach zwei Monaten ohne Fleisch haben sich meine Eltern Sorgen gemacht und meinten: ‚Okay, wir gehen zum Arzt und er erklärt dir, warum das nicht gesund ist. Und wir lassen dich untersuchen.' Wir gingen also zum Arzt. Er hat mich untersucht und dann hat er mir gratuliert und meinte: ‚Ja, das ist bestimmt die beste Entscheidung deines Lebens. Fast die Hälfte der Welt ernährt sich ohne Fleisch und du bist kerngesund. Ich finde das super. Deine Eltern könnten sich überlegen, sich vielleicht mit dieser Ernährungsweise anzufreunden.' Seit damals haben sich meine Eltern nie wieder beschwert. Nur bei Geburtstagsfesten kam die Frage ‚Willst du wirklich keinen Geburtstagskuchen?' Aber es gab keine Vorwürfe, dass ich mich schlecht ernähren würde oder dass es ungesund wäre. Inzwischen sind fast alle von meiner Familie Veganer oder Vegetarier.

Wie ist es dazu gekommen?
Also es ist nicht mein Ziel, Leute zu überzeugen. Viele glauben am Anfang, wenn sie Veganer werden, sie müssten alle davon überzeugen. Meiner Erfahrung nach ist diese Arroganz nach ein, zwei, höchstens drei Jahren weg und man will einfach leben. Ich glaube, dass es viel besser ist, wenn andere Leute selber auf die Idee kommen, dass es gesund ist, weniger Umweltschäden verursacht, etc. Und ich würde viel lieber einfach als Vorbild für Leute dienen oder gelegentlich Leute inspirieren, dass es doch einfach und lecker ist und auch auf Reisen möglich. Ich möchte als Gesprächspartner da sein und sie sollen wissen, dass ich ihnen niemals Vorwürfe mache oder mich beschwere, wenn sie etwas bestellen, was ich nicht bestellen würde. Mit weniger Druck funktionieren Veränderungen immer besser, finde ich. Manchmal dauert es Jahre. Erst nach 15 Jahren habe ich eine E-Mail von meinem Vater bekommen, in der er schrieb: ‚Hey, ich habe die China-Study[96] gelesen. Ich hab' sofort vier dieser Exemplare gekauft und an meine Schwester geschickt und an meinen besten Kumpel aus der Uni-Zeit. Und ich stelle meine ganze Ernährung jetzt um und schickst du mir bitte deine fünf Lieblingsrezepte zu? Also ich kann dir nicht versprechen, dass ich jetzt super militant werde, aber ich werde auf jeden Fall viel weniger Fleisch und viel weniger Tierprodukte essen.' Ich war zutiefst gerührt.

Justin, was ist für dich das Schwierigste oder der Nachteil daran, vegan zu leben?
Das Schwierigste für mich ist diese persönliche Auseinandersetzung. Ich versuche bescheiden zu sein und einfach so zu leben, wie es für mich passt und das zu tun, was ich für richtig halte – also jetzt und

---

[96] „China Study: Pflanzenbasierte Ernährung und ihre wissenschaftliche Begründung" (Original-Auflage von 2004) von T. Colin Campbell und Thomas M. Campbell basiert auf einer groß angelegten Studie der renommierten Cornell Universität und der chinesischen Regierung im ländlichen China der 70er und 80er Jahre. T. Colin Campbell war Professor für Biochemie an dieser Universität. Er leitete die Studie. Im Buch untersucht er die Daten dieser und einiger anderer Studien hinsichtlich des Zusammenhangs zwischen verschiedenen Erkrankungen wie beispielsweise Krebs, Diabetes, Herz-Kreislauf-Erkrankungen und dem Verzehr tierischer Lebensmittel.

hier. Ich kann nicht sagen, was in allen Situationen passen würde und das muss ich auch nicht wissen. Ich beschäftige mich mit dem Hier und Jetzt und versuche immer das Beste zu tun, was ich kann. Und andere müssen für sich ihre eigenen Entscheidungen treffen. Es ist schwer für mich, wenn Leute glauben, ich würde versuchen meine Entscheidung irgendwie anderen aufzuzwingen oder ich würde mich deswegen für besser halten. Vor allem als Veganer passiert das immer wieder. Viele halten das für sehr extrem, haben aber voll das schlechte Gewissen und glauben, du würdest ihnen Vorwürfe machen. Das will ich nicht. Ich bin ganz offen und bereit, mit Leuten über meine Entscheidung zu sprechen. Aber ich lasse mich nie darauf ein, mich zu rechtfertigen. Ich muss mich nicht rechtfertigen. Ich weiß was für mich funktioniert. Wenn Leute Fragen stellen, dann erkläre ich das gern. Aber wenn sie fragen: ‚Meinst du ich soll auch Veganer werden?', oder: ‚Meinst du die ganze Welt sollte vegan leben?', dann sage ich: ‚Jeder muss für sich entscheiden.' Mein Vater war zum Beispiel ziemlich überrascht, als er mich vor mindestens 10 Jahren gefragt hatte: ‚Glaubst du, dass alle falsch leben? Glaubst du, dass alle auch vegan leben müssen?' Und ich so: ‚Das ist gar nicht meine Entscheidung. Ich kann mir das nicht vorstellen und es ist auch nicht mein Ziel.' Ich gebe gerne meine Rezepte raus, die sind lecker, die machen Spaß und ich bin über jede positive Wirkung sehr glücklich. Aber für mich ist es nicht wichtig, ob alle genau die gleiche Entscheidung treffen wie ich oder ob alle konsequent sind. Wenn jemand mir sagt: ‚Ich esse ganz wenig Fleisch' oder ‚Ich esse jetzt weniger Fleisch' oder: ‚Ich liebe ab und zu mal vegane Küche', dann freue ich mich. Komplett die falsche Antwort wäre: ‚Aber das ist nicht konsequent' oder: ‚Du nimmst es nicht ernst' oder: ‚Ja, toll, dass du kein Fleisch isst, aber was ist mit Milch, was ist mit Käse, was ist mit Eiern, was ist mit Schuhen?' Nein, das ist viel besser, wenn man selber auf die Idee kommt, dass man vielleicht noch was tun könnte!

Justin, was ist für dich das Schönste oder der Vorteil daran, vegan zu leben?
Das Konzept der Gewaltlosigkeit, das dahinter steckt, ist für mich sehr wichtig. Ich versuche halt mit möglichst wenig Gewalt mein Leben zu führen. Vielleicht ist das Schönste auch, dass ich weiß, dass ich eine positive Wirkung auf andere habe, weniger Schaden für die Umwelt anrichte, dass es viele Vorteile hat – nicht nur für mich. Vor allem ist es

aber für mich etwas Natürliches. Also das ist keine rationale Erklärung. Es gibt 1001 rationale Erklärungen, warum man sich für „vegan" entscheiden sollte. Aber für mich ist es einfach etwas Natürliches. Klar hat es Vorteile. Aber ich kann schwer sagen, was das Schönste daran ist.

Gibt es etwas, das du mit deinen Reisen und deinen „The Lotus and the Artichoke"-Büchern[97] erreichen möchtest?
Ich reise, um mich inspirieren zu lassen und ich möchte durch meinen Blog[98] und meine Bücher auch etwas zurückgeben. Mir geht es weniger darum zu zeigen, dass vegan unterwegs ganz leicht ist. Es gibt eine Vielfalt von Weltküchen, die traditionell auch vegane Gerichte zubereiten. Ich möchte vor allem Leute ermutigen: Das Reisen, genauso wie das Kochen, ist an sich nicht so schwer. Es gibt bei beidem ganz viel zu entdecken und zu erleben.

Wenn dir alle Menschen auf der Welt für eine Minute zuhören würden, was würdest du ihnen sagen?
‚Traue dich.' In mehr Worten kann ich das gar nicht ausdrücken. Trau dich und sei zu dir selber ehrlich. Trau dich und leb dein Leben wie es für dich passt.

Justin, vielen Dank für das Interview!

---

97 Seine Bücher heißen – wie sein Blog – „The Lotus and the Artichoke": „The Lotus and the Artichoke: Vegane Rezepte eines Weltreisenden" (erschienen 2013), „The Lotus and the Artichoke – Mexico!: Eine kulinarische Entdeckungsreise mit über 60 veganen Rezepten" (erschienen 2014) und „The Lotus and the Artichoke – Sri Lanka!: Ein Kochbuch mit über 70 veganen Rezepten" (erschienen 2015).

98 Auf seinem Blog sind Infos zu seinen Weltreisen, seinen Büchern und zu Justin selbst. www.lotusartichoke.com

Ist Vegan teuer?

Vegane Alternativ-Produkte sind inzwischen stark auf dem Vormarsch und man findet sie auch schon in vielen Supermärkten. Die meisten dieser Produkte sind aber auch dort noch teurer als ihr Tierprodukt-Pendant. Ist es also kostspieliger, vegan zu leben oder geht es auch mit kleinem Budget?

Manche haben noch den Eindruck, dass vegan etwas Ausgefallenes ist, das es nicht überall gibt, etwas Exotisches, was „normale" Menschen nicht essen. Daher ist es schwer zu bekommen und teuer.

Aber alle Menschen kennen und essen auch vegane Dinge. Obst und Gemüse sind in Rohform sowieso vegan. Wenn die Gemüsepfanne mit Pflanzenöl zubereitet wird und weder Speck noch Käse reingeschnippelt werden, ist sie ebenfalls vegan. Oder Spaghetti mit Tomatensoße. Oder Bratkartoffel. All das bleibt ja, auch wenn man vegan wird. Einiges bleibt jedoch nicht. Fleisch, Fisch, Eier, Milch (und damit auch Käse, Joghurt, Milchschokolade, …) und Honig fallen weg.

Ein Liter Sojamilch kostet mehr als ein Liter Kuhmilch im Supermarkt. Stimmt es also doch, dass vegan teurer ist?

Wir haben Anna und Rose gefragt.

Anna ist Studentin. Mit einem studenten-üblichen Budget. Extravaganzen kann sie sich nicht leisten. Trotzdem lebt sie vegan.

Rose ist Geringverdienerin und gibt für Essen nur 100 bis 150 Euro pro Monat aus. Ihre Lebensmittel sind vegan und oft sogar bio.

Gemüse kostet nicht plötzlich mehr, nur weil ich jetzt vegan bin

(Foto von Anna: Copyright Christian Voecks)

Anna studiert. Sie lebt seit November 2011 vegan. Einen dicken Geldbeutel hat sie nicht. Wie viele Studierende muss sie sehr genau haushalten.

Man hört immer wieder ‚vegan ist so teuer' und ‚das muss man sich erst mal leisten können'. Was sagst denn du dazu?
  Schwachsinn... (lacht)

Du bist ja Studentin und hast nicht so viel Geld. Achtest du jetzt auf irgendetwas ganz besonders?
  Also ich achte generell auf mein Geld, wie viel ich wofür ausgebe. Bevor ich mich vegan ernährt habe, habe ich genauso viel ausgegeben wie jetzt. Da merke ich keinen Unterschied. Am Anfang, als ich noch nicht wusste, wo es vegane Lebensmittel gibt, bin ich oft zu einem veganen Supermarkt gefahren und hab' da erst mal natürlich auch Teureres ausprobiert. Aber innerhalb der ersten zwei, drei Monate hab' ich günstige Alternativen entdeckt, teilweise auch günstige Lebensmittel, die man in normalen Drogeriemärkten oder Supermärkten bekommt. Und ich sag' mal so: bei Obst und Gemüse hat sich nichts geändert, das wird nicht auf einmal teurer, wenn man in den Laden kommt und Veganer ist.

Was waren denn das für teurere Sachen, die du am Anfang ausprobiert hast?
  Schokolade und vegane Schnitzel und so was.

Und hast du für all das jetzt günstigere Alternativen gefunden?
  Ja, zum Beispiel Salami-Aufschnitt für's Brot. Am Anfang hatte ich einen gekauft für drei Euro, jetzt kaufe ich einen für 1,45. Also für die

Hälfte des Preises. Man kriegt ja auch mit, welche Marken günstig sind. Es gibt Marken, die sind ein bisschen teurer, aber die kaufe ich halt nicht jeden Tag. Generell ist es ja auch nicht so, dass ich die teuersten veganen Dinge kaufe, sie sofort aufesse und sofort neue kaufe.

Beispielsweise die günstigere Salami, wo hast du die dann gefunden?
Die habe ich auch bei einem veganen Supermarkt gefunden. Im normalen Supermarkt kriegt man meist Aufstriche auf Gemüsebasis, die vegan sind. Und richtiges Gemüse auf's Brot ist auch total in Ordnung. Es muss nicht immer der vegane Käse sein oder die vegane Wurst.

Otto Normalverbraucher tut ja eher selten Gemüse auf's Brot. Wenn man das so hört, klingt es erst mal nach einer Auberginenscheibe auf dem Brot oder einem Salatblatt. Aber ich nehme mal an, es ist ein bisschen anders.
Also bei Gemüse kann das so aussehen: Gurke, Salat, Tomate, bisschen Salz, Zwiebel, fertig. Ist ziemlich lecker. Da muss nicht der vegane Käse dazu, manchmal stört er sogar inzwischen, finde ich persönlich. Ein anderes Beispiel ist Tofu. Den kriegt man relativ günstig und man kann damit alles machen. Zum Beispiel Räuchertofu in Scheiben schneiden, anbraten, ein bisschen Curry drauf, ein bisschen Pfeffer, zack, perfekter Aufschnitt für's Brot. Schnell fertig, kann man auch gut lagern. Und Tofu gibt's in jedem Laden.

Du hast gerade gesagt, dass der Käse inzwischen sogar manchmal stört. Das klingt nach einer Veränderung Deiner Vorlieben. Sind dir am Anfang bestimmte Sachen besonders schwer gefallen?
Käse! (lacht) ... Also Käse und Auswärts-Essen waren so die Dinge, die mir schwer gefallen sind. Wobei das mit dem Käse hat sich erledigt, denn inzwischen habe ich einen veganen Scheibenkäse entdeckt, der ist sehr lecker. Am Anfang hatte ich auch viel teurere Käse-Alternativen ausprobiert aber die haben mir nicht geschmeckt und ich dachte mir ‚Ach nee, kann denn kein Scheibenkäse rauskommen?' Zwei, drei Monate später habe ich meinen Favoriten entdeckt und damit war alles gegessen. Es gibt schon einige Sachen die ich in vegan vermisse, aber damit kann ich mich gut arrangieren und es werden auch immer mehr Alternativen.

Wenn Du jetzt den veganen Käse vergleichst mit dem Kuhmilchkäse, den du früher gekauft hast, ist das nun teurer oder ist das ungefähr gleich?

Es ist teurer, das schon. Früher habe ich ungefähr 1,80 gezahlt und für den veganen Käse zahle ich drei Euro. Aber ich habe früher auch ausschließlich Käse auf's Brot getan und auch immer zwischendurch davon genascht. Das war nicht so das Gesündeste! Von daher freue ich mich, dass sich das geändert hat.

Würdest du sagen, dass du abwechslungsreicher isst?

Das auf jeden Fall, ja. Ich hab' auch immer Obst und Gemüse im Kühlschrank. Das hatte ich früher seltener und wenn ich es hatte, wurde es nach zwei Wochen weggeschmissen, weil es schlecht geworden ist. Jetzt verbrauche ich das. Obst und Gemüse versuche ich in jede Mahlzeit einzubauen und die Ernährung ist dadurch auf jeden Fall gesünder und abwechslungsreicher geworden.

Woher kommt dieser Wechsel in deinen Essgewohnheiten, wie du das jetzt mit Käse, Obst und Gemüse beschrieben hast? Ist das eine Kopf-Sache?

Ich habe angefangen, mehr mit Essen zu experimentieren und auszuprobieren. Ich denke, daher kommt es. Darüber habe ich nie groß nachgedacht. Jetzt freue ich mich, dass ich immer Obst und Gemüse da habe und denke mir: ‚Hey, du tust dir was Gutes'.

Merkst du das auch? Fühlst du dich anders als früher?

Ja, auf jeden Fall. Auch meine Blutwerte beim Diabetologen[99] sind alle besser geworden. Ich hatte immer gute Werte, aber mit Eisen Probleme gehabt. Kaum ernähre ich mich vegan, zack, sind die Eisenwerte tipptopp.

Obwohl es doch immer heißt, mit Eisen hätten Veganer Probleme. Du schluckst jetzt aber nicht extra Eisen oder so?

Nein, ich halte nichts von solchen Präparaten.

---

99 Anna ist Diabetikerin und steht unter engmaschiger ärztlicher Kontrolle.

Substituierst du sonst irgendetwas? Vitamin B12 oder so?

Auch nicht... also noch nicht. Ich werde mich später damit beschäftigen, aber momentan habe ich mich damit noch nicht befasst.

Gibt es über die Verbesserung deiner Blutwerte hinaus noch Sachen, die sich verändert haben?

Ja, der Zucker ist stabiler. Und insgesamt fühle ich mich fitter. Ich bin kaum krank, vielleicht im Jahr ein Mal zwei, drei Tage. Aber so richtige Erkältungen hatte ich nicht, seit ich mich vegan ernähre. Vorher war ich so zwei, drei Mal im Jahr krank.

Lass uns noch mal etwas zurückgehen. Wir haben über deine veränderten Essgewohnheiten gesprochen. Aber wie sah denn deine Ernährung vorher überhaupt aus? Du hast ja sicher noch etwas anderes gegessen außer Käse.

Auch ein bisschen Gemüse, aber nur minimal und auch nicht jeden Tag. Ich hab' halt viel mehr genascht, auch Schoko-Kram und andere Süßigkeiten. Das ist auch viel, viel weniger geworden. Das hat sich von alleine so ergeben.

Kannst du erzählen wie deine Entwicklung insgesamt verlaufen ist? Du hast ja – wie die meisten von uns – zunächst lange als Alles-Esser gelebt, bist dann Vegetarierin und schließlich vegan geworden. Wie kam es dazu?

Da muss ich weit ausholen. Bevor ich mich vegetarisch ernährt habe, hatte ich mich um Ernährung und so was nicht gekümmert, auch nicht um so Sachen wie Glauben. Irgendwann habe ich angefangen, mich für den Islam zu interessieren und deshalb auf Schweinefleisch verzichtet. Das war so mein erster Schritt. Nebenher habe ich mich informiert über Kosmetik und Tierversuche. Das waren zwei parallele Spuren. Da habe ich erst mal gesehen wie es ist, auf ein Lebensmittel zu verzichten. Es kam mir aber schon komisch vor, kein Schweinefleisch zu essen und keine Kosmetik mehr zu benutzen, die im Tierversuch getestet wurde, aber anderes Fleisch – Geflügel oder so – zu essen. Ich habe mich dann weiter informiert und mir irgendwann gesagt ‚Gut, auf Schweinefleisch zu verzichten fandest du am Anfang auch schwierig und es hat doch geklappt. Jetzt versuchst du mal, auf andere Fleischsorten zu verzichten'. Da habe ich das Fleisch aus dem Kühlschrank genommen, aber den Fisch noch nicht

– denn den hatte ich nicht zu Fleisch gezählt. Dann habe ich mich weiter informiert und gesehen ‚okay, Fische haben auch Schmerzen'[100]. Also auch kein Fisch mehr. Und irgendwann bin ich zum Veganen gekommen. Das war so ein Weg. Auf das Thema Tierethik bin ich überhaupt nur wegen der Tierversuche für Kosmetik gekommen. Das war ein Ausgangspunkt für mich. Ich interessiere mich sehr für Kosmetik und habe das nie eingesehen, warum Tiere leiden müssen, nur damit ich irgendwelche Schminke habe. Das fand ich immer total blöd.

Das heißt, du bist über die Kosmetik auf die Ethik gekommen und so letztlich auch vegan geworden. Diesen Schritt machen ja viele nicht. Sie sagen zwar: ‚Ich will nicht, dass für mich ein Tier stirbt', hören dann aber beim Fleischverzicht auf. Du bist weiter gegangen. Gab es dafür einen Auslöser?

Ich habe eine Freundin, die sich sehr viel über vegetarisch und vegan informiert hat. Davon wollte ich am Anfang nichts wissen, später bin ich aber doch etwas neugierig geworden und je mehr ich gefragt habe, umso mehr hat sie mir erzählt... manchmal dann auch ungefragt... also wenn ich beispielsweise ein Ei gegessen habe, hat sie mir gesagt: ‚Dir ist aber klar, dass dafür das und das passiert.' Sie hat mich mehr zum Nachdenken gebracht. Das war ein wichtiger Einfluss. Und das Internet natürlich. Ich habe in der Zeit viele Foren gelesen, mich irgendwann – noch als Vegetarierin – einer veganen Gruppe angeschlossen, um zu gucken, wie machen die das denn, wie ersetzen die dies, wie ersetzen die das. Und dann habe ich gemerkt, dass es funktioniert. Ich habe mir dann auch Bücher gekauft, in denen unter anderem Tabellen waren, welche Nährstoffe man aus welchen Lebensmitteln kriegt. Ich habe mich da generell eingelesen. Im Internet habe ich dann eher einzelne Details nachgefragt.

Du hast gerade gesagt, dass du am Anfang gar nichts davon wissen wolltest. Warum war das so?

Ja, ich mag's halt auch erst mal gemütlich. (lacht) Festgefahrene Muster, kenne ich, ist okay, weiß ich, wie ich damit umgehe. Und wenn

---

100 Wissenschaftliche Untersuchungen zeigen, dass Fische – genau wie Säugetiere – mit verändertem Verhalten auf Verletzungen reagieren und entsprechende Schmerz-Areale im Gehirn aktiviert werden. Unter anderem im Spiegel findet sich dazu ein Artikel, den man im Internet lesen kann: http://www.spiegel.de/spiegel/a-749108.html

man auf einmal sagt ‚Ich ernähre mich vegan', ist das ja auch eine Aussage, die man den Eltern erklären muss und den Arbeitskollegen, wo man sich theoretisch rechtfertigen muss, weil die meisten das halt nicht so leben. Klar, am Anfang ist es nervig, aber ich habe damit eigentlich keine Probleme gehabt.

Bist du in deinem Umfeld mit Vorurteilen konfrontiert worden?
Von manchen ja, von manchen nicht. Manche fragen mich immer noch, ob ich Wurst und Käse haben will. Sie verstehen es nicht. Aber bei meinem Bruder zum Beispiel war es ganz locker. Er hat gefragt, wie es mit diesen und jenen Nährstoffen ist. Ich hab' ihm das erklärt und dann war es für ihn okay. Bei Freunden versteht es ein Teil, ein Teil versteht es nicht, ein anderer Teil will es nicht verstehen. Das ist aber auch in Ordnung. Ein Freundeskreis besteht ja nicht aus Veganern, Vegetariern und Alles-Essern, sondern aus verschiedenen Menschen.

Womit bist du denn am meisten konfrontiert worden?
Eiweiß, Eisen, was isst du denn noch?

Wie bist du damit umgegangen, hast du mit allen gesprochen?
Mit manchen ja, mit manchen nein. Bei manchen habe ich von Anfang an gesehen, dass das keinen Sinn hat. Da habe ich dann gesagt: ‚Das ist meine Lebensweise. Im Internet steht viel dazu, da kannst du dich informieren. Und wenn du konkrete Fragen hast, dann frag.' Manche haben auch gefragt, obwohl es sie nicht wirklich interessiert hat. Es waren immer wieder dieselben Fragen, wenn man zusammen essen war oder so. Das war einfach komisch. Einigen habe ich das aber auch erklärt. Und einige holen halt immer wieder Argumente von anderen Ecken raus. Zum Beispiel ‚Die Tiere, die essen sich ja auch gegenseitig auf' und so Sachen.

Was antwortest du so jemandem?
Da hab' ich wieder auf's Internet verwiesen oder auf Bücher. Und wenn wir auf dem selben wissenschaftlichen Stand sind, dann können wir gerne weiter diskutieren. Vorher hat es einfach keinen Sinn.

Hast du auch mal was besonders Lustiges erlebt im Zusammenhang mit Vorurteilen?

Ja, beispielsweise wenn Leute zu Besuch kommen und nicht wissen, was sie mir mitbringen sollen. ‚Du darfst doch bestimmt nicht dies und nicht das.' Das hatte ich gestern noch, da hab' ich mich auch kaputt gelacht. Zum Beispiel steht auf einer Nährwerttabelle „Eiweiß" und dann denken die Leute, dass ich das auch nicht esse.[101] Also ich merke wie viele Menschen sich gar nicht mit Ernährung auskennen, das ist echt erschreckend.

Du hast erzählt, dass dir anfangs manches schwer fiel, beispielsweise der Verzicht auf Käse. Gab es Rückfälle?

Am Anfang habe ich das bewusst so gemacht, dass ich erst mal probiere, mich vegan zu ernähren, aber ohne Druck. Ich habe gesagt ‚im ersten Monat habe ich zu Hause nur noch vegane Lebensmittel, aber wenn ich bei Freunden bin oder draußen esse, esse ich auch noch was mit Käse'. Dann habe ich irgendwann das mit ‚draußen' reduziert und gesagt ‚Okay, draußen esse ich auch nichts mehr mit Käse.' Und schließlich habe ich gesagt: ‚Okay, auch bei Freunden esse ich nichts mehr mit Käse.' Das waren so ungefähr drei Monate. Ich habe mir diesen Zeitraum extra locker gehalten, damit mich das nicht so stresst. Ich dachte mir, lieber erst mal Schritt für Schritt anstatt zu sagen ‚Jetzt auf einmal alles vegan' und dann klappt es nach zwei Wochen nicht mehr, ich bin frustriert und schmeiß' es komplett hin. Lieber langsam, aber richtig.

Gehst du noch mit anderen essen?

(lacht) Nudeln mit Tomatensoße sind immer vegan, als Beispiel. Bei Fast-Food-Restaurants, die ich nicht so gern mag, Pommes. Oder Salat, das klassische vegane Essen. Es ist nicht so, dass ich denke ‚O Gott, ich muss mich zu Hause einschließen und darf am gesellschaftlichen Leben nicht teilnehmen'. Es gibt immer überall was.

---

101 In der deutschen Sprache steht das Wort „Eiweiß" für zwei verschiedene Dinge: zum einen für das Eiklar von Eiern, zum anderen für Proteine. Proteine sind Nährstoffe, die sowohl in Tieren als auch in Pflanzen vorkommen und aus Aminosäuren aufgebaut sind. Pflanzliche Proteine, die in der Nährwerttabelle ebenfalls mit „Eiweiß" bezeichnet sind, sind für Veganer natürlich okay. Das Wichtige ist immer der Blick auf die Zutatenliste (im Gegensatz zur Nährwerttabelle): Steht hier „Eiweiß", so ist tatsächlich der Ei-Bestandteil gemeint und das Produkt ist für Veganer tabu.

Wie machst du das bei Freunden?

Wenn ich irgendwo eingeladen bin und die wissen, dass ich vegan lebe, fragen sie mich vorher, was sie kochen können. Oder ich sage halt manchmal auch ‚Komm, ich nehme was mit und dann habt ihr keinen Stress'. Je nachdem, wie eng ich mit den Leuten befreundet bin.

Was bedeutet es für dich, vegan zu leben?

Ein bewusster Lebensstil, den ich gewählt habe. Also dass ich nicht blind durch die Welt gehe und irgendwelche Dinge ignoriere, von denen ich weiß, dass jemand dabei zu Schaden kommt, wie zum Beispiel Tiere. Dass ich auch bewusster esse. Was beispielsweise Obst und Gemüse angeht, versuche ich auf's Klima zu achten und das regional zu beziehen. Alles ist bewusster geworden. Und ich bin mit mir mehr im Reinen. Früher habe ich Fleisch gegessen und gesagt ‚Ja, eigentlich finde ich das nicht richtig.' ... Jetzt macht das alles Sinn.

Hat das vegane Leben für dich Nachteile?

Manchmal die Romane, die ich erzählen muss, wenn jemand nicht vegan lebt. Zum Beispiel bin ich jetzt bei einem Praktikum und da ist es halt auch so, dass die Leute mich nicht kannten und gefragt haben, wieso ich denn eine Pizza ohne Käse bestelle, als wir alle zusammen essen waren. Da musste ich das halt auch erklären... Die eine Kollegin hat mit den Augen gerollt, die anderen haben mich ausgefragt. Immer dieses Erklären, das nervt. Aber ich denke mal, mit der Zeit findet man da auch eine einfachere Strategie. Ich rege mich nicht mehr darüber auf. Es ist klar, die sind neugierig. Und die meisten leben noch nicht vegan. Aber das wird sich ändern – meiner Meinung nach.

Ist es für dich als Studentin einfacher oder schwieriger, vegan zu leben, zum Beispiel mit der Mensa?

Unsere Mensa ist super! Wir haben eine Green Corner, da ist das meiste vegan und schön abwechslungsreich... Ist es einfacher oder schwieriger, als bei anderen Menschen? Auf jeden Fall muss man sich generell im Studium schon mit Prioritäten-Setzen beschäftigen und sich vegan zu ernähren, sind ja auch wieder Prioritäten, die man setzt. Man hat auch sehr viel mit Menschen zu tun und lernt dort auch andere Veganer kennen. Deshalb würde ich schon sagen, dass es ein bisschen einfacher ist.

Hat das vegane Leben für dich Vorteile oder was ist das Schönste daran, vegan zu sein?
Tierleidfrei. Das ist das Wichtigste für mich.

Wenn dir alle Menschen auf der Welt für eine Minute zuhören würden, was würdest du denen sagen?
Go vegan (lacht)… Nein – ich würde auf jeden Fall schon sagen, dass es wichtig ist, auf Nachhaltigkeit zu achten und auch darauf, dass man sich sehr wenig widerspricht, weil das ja auch krank macht. Die meisten Leute, die ihr Steak essen, sagen zu mir ‚Eigentlich ist das nicht richtig.' … Dass man wirklich bewusst leben soll, das wäre so eine Aussage, die ich gerne der Welt sagen würde.

Gibt es noch irgendetwas, das du gerne in dem Interview drin hättest und nach dem ich nicht gefragt habe?
Dass vegan zu essen eine Gewohnheitssache ist. Der Mensch muss einfach nur lernen, sich umzugewöhnen. Und das ist möglich. Das ist eine wichtige Botschaft für mich.

Vielen Dank, Anna!

Fertigprodukte sind teuer, aber leckeres Essen geht auch mit wenig Geld

(Foto von Rose: Copyright privat)

Rose hat früher als alleinerziehende Mutter von Hartz IV gelebt. Inzwischen ist sie darauf nicht mehr angewiesen, hat aber als Geringverdienerin ungefähr genauso wenig Geld in der Tasche. Sie weiß wie sparen geht. Seit 2012 lebt sie vegan.

Es gibt ja die Ansicht, dass vegan teuer sei und nur was für Leute mit einem dicken Geldbeutel. Hast du darüber jemals nachgedacht, bevor du angefangen hast, dich vegan zu ernähren?
Nur kurz. Ich hab' zum Glück Leute gehabt, die sich schon lange vegan ernährt haben. Mit denen konnte ich mich dann schnell austauschen. Ich bin auch ganz viel im Netz unterwegs gewesen um mir Wissen anzueignen. Dann hab' ich angefangen, mir Vorräte an Basics zuzulegen. Das ist natürlich am Anfang teurer, aber wenn man einmal alles zu Hause hat – ob's nun Sojamehl ist oder Kokosmilch in Paletten oder Cashewkerne en Masse – dann finde ich keinen preislichen Unterschied.

Als du angefangen hast, vegan zu leben, hattest du schon nicht mehr Hartz IV. Würde es einen Unterschied machen, wenn du noch von Hartz IV leben müsstest?
Ich lebe sowieso sehr minimalistisch. Ich war auch nie ein klassischer Hartz-IV-Empfänger. Es gibt Monate, da komme ich mit 100 Euro für Lebensmittel aus. Manchmal sind es auch 150 Euro, wenn ich wieder mehr Basics brauche oder so. Und das ist realistisch beim Hartz-IV-Satz[102].

---

102 Hartz IV-Satz für Essen + Getränke am 01.12.2015 pro Erwachsenem: im Monat 141,65 Euro. Quelle: http://www.hartziv.org/regelbedarf.html

Du hast vorhin von ‚Basics zulegen' gesprochen und vom Einkauf von ‚Paletten' und ‚en masse'?

Basics, zum Beispiel Sojamehl, Hefeflocken, Getreide kaufe ich in einer größeren Umverpackung. Am Anfang ist es ein bisschen teurer, aber so über den Monat verteilt, wesentlich günstiger. Ich habe beispielsweise einen 20-Kilo-Sack Getreide gekauft. Der ist natürlich, wenn ich ihn kaufe, erst mal sehr viel teurer. Aber ich mahle mein Mehl und backe mein Brot selber und komme mit diesem Sack drei bis vier Monate hin. Das rechnet sich definitiv.

Wie teuer ist deine Ernährung im Vergleich dazu, wie du dich früher ernährt hast?

Sie ist etwas günstiger, weil ich vorher so naschsüchtig war. Ich hab' eigentlich fast jeden Tag Schokolade gegessen. Das erlaube ich mir jetzt natürlich überhaupt nicht mehr. Ich leiste mir schon noch mal 'ne Nougat-Schokolade im Bio-Laden, die dann 1,89 Euro kostet – aber das mache ich einmal im Monat und das spart für mich schon.

Du isst jetzt weniger Schokolade, weil du sie dir nicht mehr leisten kannst?

Ich hab' auch nicht mehr so das Bedürfnis. Ich knabber jetzt eher eine Tüte Cashewkerne. Die kostet zwar auch 1,99 Euro, aber da sitz' ich ein bisschen länger dran als an einer Tafel Schokolade. Also spart es auch wieder. Ich will keine tierischen Produkte essen und dann kann ich gut auf eine Jeden-Tag-Schokolade oder Gummibärchen und dergleichen verzichten. Das funktioniert einfach. Aber es ist kein Verzicht im Sinne von darben. Mir fehlt nichts. Mir hat vom ersten Tag an nichts gefehlt, weil ich mit dem Kopf da rangegangen bin und ‚Nein' gesagt habe. Ich hab' es anfangs aus gesundheitlichen Gründen gemacht, weil ich plötzlich vor zweieinhalb Jahren Neurodermitis bekam. Daraus wurden aber ganz schnell ethische Gründe und deshalb hatte ich auch kein Problem damit, Geld für diese Ernährung auszugeben.

Du hattest vorhin gesagt, dass du viel in großen Gebinden einkaufst. Hast du noch eine Familie, die du mit versorgst?

Nein, ich versorge nur mich selbst. Meine Töchter sind ja aus dem Haus.

Das heißt du isst schneller, als die großen Gebinde schlecht werden können?
Ich teile mir die mit Leuten! Das Getreide nun nicht, weil ich backe und auch selbstgemachte Brotbackmischungen an meine Tochter in Hamburg oder an ihre Freundin verschenke. Mein Getreide wird mir hier nicht schlecht. Andere Dinge kaufe ich gemeinsam mit einer Bekannten, die auch vegan ist. Wir haben einen Großhändler auf einem Wochenmarkt hier in der Umgebung und da haben wir uns dann gemeinsam Sonnenblumenkerne gekauft in einem zwölfeinhalb Kilo Gebinde und Paletten mit Hafersahne und verschiedene Trockenprodukte. Wenn wir uns das dann teilen – oder eventuell auch durch drei teilen, wenn noch jemand anders mitmacht – dann wird es günstiger. Ich zahle für ein Kilo Bio-Getreide 1,30 Euro wenn ich so einen großen Sack kaufe. Wenn ich in einen Drogeriemarkt oder in den Bioladen gehe, dann liege ich bei 3,50 Euro für ein Kilo Dinkel.

Das ist ja schon ein deutlicher Unterschied, fast nur ein Drittel. Hast du noch mehr Tipps?
Wenn man sich viele Sachen selber macht, ist vegane Ernährung definitiv nicht teuer. Aber es wird zeitintensiver. Das ist zum Beispiel bei Aufstrichen so. Ich hab' einen Stand-Mixer. Er hat so viele Umdrehungen pro Sekunde, dass er Cashewnüsse, Sonnenblumenkerne oder Mandeln zu Mus verarbeitet. Muse sind ja unheimlich teuer. Mandelmus oder so, das sind Spezialitäten. Das kann ich mir alles selber machen. Und ich mach' mir auch meine Aufstriche selber. Ob das jetzt Paprika-Aufstrich ist, mal ein Tofu-Aufstrich oder eine andere Sorte – ich brauche mir keine Aufstriche zu kaufen. Das spart.

Wie machst du das, dass die Aufstriche so lange halten bis du sie verbraucht hast? Konservierst du sie irgendwie?
Ich habe einen Aufstrich, den erhitze ich sogar und der hält im Kühlschrank dann sehr lange. Das ist ein Gemüse-Aufstrich. Da musste ich das Gemüse ein bisschen einkochen, dann habe ich alles püriert und ganz heiß in die Gläser eingefüllt, wie das bei Marmelade oder Gelee der Fall ist. Aber zum Beispiel so ein Kichererbsen-Aufstrich, der hält sich auch ohne Erhitzen geöffnet ungefähr eine Woche im Kühlschrank... das heißt, eigentlich hält er sich nicht, den esse ich doch vorher! (lacht)

Also ich bevorrate mich jetzt nicht. Wenn ich einen Kichererbsen-Aufstrich mache, wähle ich die Menge so, dass ich zwei Gläser davon habe und dann gibt's auch mal zwei, drei Tage hintereinander diesen Aufstrich. Wobei ich die Reste auch mit in eine Nudel-Pfanne schmeißen kann, wenn ich sie irgendwie noch aufpeppen möchte... Einfach ausprobieren! Ich probier' ganz viel aus. Dann kriegt meine Tochter auch mal ein Glas ab oder ich bring' jemandem eines mit. Das sind auch meine Geburtstagsgeschenke: ich bringe selbst gemachte Dinge mit. So spare ich dann auch in diesen Bereichen. Dafür investiere ich mehr Zeit... es ist alles ein bisschen komplex, weil das eine so in das andere übergeht.

Das ist ein Gesamtkonzept?
Ja. Ich mache zum Beispiel auch eine Wurst selber, die isst mein Bruder so gerne. Da hab' ich schlussendlich drei Würste, die ich als Aufschnitt nehme und auch gut einfrieren kann. Da kommen nur Seitan[103], Wasser und die Gewürze rein, die ich gerne mag. Viel Selbermachen ist schon so eine Devise, ja.

Wie bist du an die Leute rangekommen, mit denen du dir die großen Gebinde teilst?
Mit der Frau, mit der ich das jetzt mache, habe ich mal zusammengearbeitet. Ich bin allerdings auch bei Facebook in einigen Gruppen, wo es um vegane Ernährung, Tipps und Tricks geht. Da sind auch Leute hier aus der Region dabei. Wenn die zum Beispiel eine Bestellung bei einem veganen Versandhandel planen, dann machen sie einen Aufruf und fragen: ‚Wer hat Lust und Interesse, mit zu bestellen?' Je mehr wir bestellen, desto günstiger wird es oft und wir sparen die Versandkosten.

Du hast also aktiv nach Leuten gesucht?
Ja. Und ich habe nicht mal alle Möglichkeiten genutzt. Wir haben bei uns hier in Schleswig einen veganen Stammtisch. Da könnte ich immer hingehen. Da kann man sich austauschen und kriegt Tipps,

---

[103] „Seitan" ist aus Weizen-Gluten, dem Klebereiweiß, das in geringeren Mengen auch in vielen anderen Getreidearten vorkommt, gemacht. Gluten gibt es separat zu kaufen. Mit ihm lassen sich Fleischersatzprodukte wie Braten oder Wurst herstellen.

das ist ganz hilfreich. Es gibt auch diese Buddies[104], die einem zur Seite gestellt werden, wenn man das möchte. Ich musste das nie in Anspruch nehmen. Aber ich denke, wenn man sich mit der veganen Lebensweise befasst, dann kommt das zwangsläufig, dass man schaut wer einen da unterstützen kann und wo man Geld sparen kann.

Hast du noch mehr Tipps um günstig vegan zu leben?
Ja, Obst und Gemüse saisonal zu kaufen spart auch. Und ich gehe kurz vor zwölf zum Markt, weil sie dann alle zusammenpacken und immer einiges günstiger rausschmeißen. Wir haben einen Bioland-Betrieb hier bei uns im Dorf und ich versuche immer, mir Bioland Gemüse zu holen, weil es mir einfach schmeckt. Ich komme in der Woche mit 15 Euro aus für Obst und Gemüse in guter Qualität. In türkischen oder anderen südländischen Läden kaufe ich zum Beispiel Couscous oder Bulgur in größeren Gebinden oder Reis und rote Linsen – was sie so anbieten. Wenn ich das in Bio-Qualität kaufe, dann zahle ich ungefähr doppelt so viel. Ich denke, nur in Bioqualität zu kaufen, das kriegt man nicht hin mit einem Hartz-IV-Satz. Also da muss man schon Abstriche machen.

Nach welchem Kriterium entscheidest du, ob du etwas in Bio-Qualität kaufst oder konventionell angebaut?
Ich hab' da keine feste Regel. Am Wochenende habe ich beim Bioland-Stand das gekauft, was er saisonal da hatte, Möhren und Feldsalat. Ich wollte auch unbedingt noch Champignons haben, darauf hatte ich so einen Heißhunger. Die habe ich dann an einem konventionellen Stand gekauft. Ich bin natürlich bemüht, biologisch kontrolliert zu kaufen und bei den frischen Sachen tue ich das meist auch. Bei Couscous oder Reis oder so, da mache ich dann schon mal eher Einschränkungen.

Noch mal zu der Ansicht, dass vegan immer teuer ist. Hat sich jemals jemand gewundert, dass es bei dir vegan zu essen gibt obwohl du nicht so viel Geld hast?
Nö. (lacht) Aber das hat wieder was mit meiner Person zu tun. Ich war zwölf Jahre lang alleinerziehend und ich hab' schon soviel gemacht

---

104 Buddies (am. engl. Buddy = Kumpel / Freund) steht hier für erfahrene Veganer, die einem als „Neuling" persönlich zur Seite stehen und ihr Wissen teilen.

oder vorgemacht – das hat jetzt mit vegan nichts zu tun – aber da hat sich nie einer gewundert.

Die wundern sich bei dir über gar nichts mehr?
Nö, eigentlich nicht. (lacht)

Hattest du schon mal Diskussionen über dieses „Vegan gleich teuer" oder eben „nicht teuer"?
Ich lass' mich auf solche Diskussionen nicht so gerne ein. Die Leute in meinem Umfeld, auf meiner Arbeit, die akzeptieren und respektieren das alle. Natürlich erzähle ich ihnen, dass ich gut hinkomme. Sie sehen das ja auch. Aber wirkliche Diskussionen hab' ich deswegen noch nie gehabt. Und es gab auch an meinem Geburtstag konsequent für 50 Leute veganes Buffet und da mussten sie alle durch und sie waren alle noch lebendig am nächsten Tag und fanden's alle cool.

Da warst du bestimmt eine ganze Weile beschäftigt für 50 Leute, wow!
Ja, das war auch 'ne harte Nummer, aber es ging.

Du hattest vorher gesagt, dass du aus Gesundheitsgründen vegan geworden bist, als du vor zweieinhalb Jahren Neurodermitis bekommen hattest. Aber nicht jeder der Neurodermitis hat, wird vegan. Wie ist es gekommen, dass du beschlossen hast, dich vegan zu ernähren und dann auch vegan zu leben?
Ich hatte immer gehört, dass Milchprodukte deine Haut krank machen, dich kaputt machen und so weiter und so fort. Bis dahin hatte ich mich aber noch nicht viel damit beschäftigt. Dann war es tatsächlich so, dass ich gesagt habe: ‚Ich verzichte auf Milchprodukte – ach nein, ich verzichte einfach mal auf alle tierischen Produkte, ab jetzt ernähre ich mich vegan.' Wirklich von heute auf morgen. Da habe ich eine Woche zuvor auch noch Wurst gegessen, also ich war nicht vorher vegetarisch. So war das und so ist das von dem Tag an tatsächlich geblieben.

Das ist sehr ungewöhnlich, ohne den Zwischenschritt „vegetarisch" direkt vegan zu werden!
Ja, irgendwie schon, nicht? Und wirklich konsequent seit zwei Jahren. Es ging dann auch ganz schnell, dass ich mich besser gefühlt habe.

Also mit meiner Haut habe ich nach wie vor immer noch mal Probleme, aber meine Blutwerte sind top, meine Gesichtshaut ist wie ein Baby-Popo (lacht) – meine Hände nicht und meine Beine auch nicht – aber ich fühl mich fitter. Ich kann das nicht beschreiben. Ich fühl' mich wesentlich fitter. Aus dem Vegan-Ernähren kommt ja dann irgendwann das Vegan-Leben. Das fängt jetzt an mit Bekleidung, Schuhen, Kosmetik – mit ganz vielen Dingen. Ich kaufe zum Beispiel bei einem Drogeriemarkt so Dinge wie Waschmittel, Haushaltsreiniger oder Geschirrspül-Tabs, die vegan sind. Oder eine vegane Handlotion und dergleichen. Das ist alles gar nicht so wesentlich teurer. In das Leben wachse ich noch hinein. Bei der Ernährung bin ich seit zwei Jahren konsequent vegan.

Fiel dir am Anfang etwas besonders schwer?
Nein. Ich hab' nicht das Gefühl gehabt, dass ich auf irgendetwas verzichte. Ich hab' nach Ersatz-Produkten gesucht, das schon. Ich steh' aber nicht so auf Ersatz-Produkte, die schmecken mir meist nicht. Ich brauch' die jetzt auch nicht mehr. Wenn man Omnivore[105] imitieren will durch Ersatz-Produkte, dann wird's zum Beispiel auch teurer. Aber man muss gar nicht imitieren, man kann sich ganz eigene Dinge ausdenken. Ich hab' ganz viele Sachen entdeckt, die ich vorher nie gegessen habe.

Du hast ja gesagt, dass du von Anfang an viele Leute um dich rum gehabt hast, die vegan oder vegetarisch waren und dir deine Fragen beantwortet haben. Hast du dich darüber hinaus noch irgendwie informiert, auf was du achten musst?
Eigentlich habe ich nur mit den Leuten gesprochen, die ich um mich herum hatte. Dabei ging's mir vor allem darum, wie ich Vorsorge treffen kann, um keinen Vitamin-B12- oder Vitamin-D-Mangel zu bekommen. Ich benutze jetzt deshalb die eine Zahncreme aus dem Reformhaus, die Vitamin-B12 zugesetzt hat, das wird über die Schleimhäute aufgenommen. Natürlich ist sie teurer, aber wie oft kaufe ich eine Zahncreme-Tube? Ich weiß das gar nicht.

---

105 Omnivore (lat. omnis = alles) ernähren sich sowohl von Pflanzen als auch von Fleisch. Beim Menschen bezeichnet man also damit diejenigen, die alle Nahrungsmittel essen, eben auch Fleisch, Eier, Milchprodukte und Honig. Karnivore (lat. carnis = Fleisch, vorare = verschlingen) sind Lebewesen, die sich von Fleisch ernähren. Herbivore (lat. herba = Kraut) ernähren sich nur von Pflanzen.

Noch mal zurück zu deiner Anfangszeit als Veganerin: Du hattest ja zunächst aus gesundheitlichen Gründen deine Ernährung umgestellt. Aber deine Motivation hat sich inzwischen verändert und du würdest es jetzt auch aus ethischen Gründen nicht mehr anders machen. Wie kam es dazu?

Videos im Internet. Es ist ja immer irgendetwas an Videos gepostet worden, ob von PETA[106] oder von irgendwelchen anderen Vegan-Foren, oder auch über Sea Shepherd[107]. Das ging dann ganz schnell. Ich will nicht, dass wegen mir Küken geschreddert werden oder dass so ein kleines Kalb keine Mutter hat... Ich kann gar nicht verstehen, dass der Schalter bei mir so spät umgeklappt wurde.

Darauf zielt auch meine nächste Frage: Diese Videos gab es ja schon vorher. Warum hast du sie früher nicht wahrgenommen?

Weil ich mich damit überhaupt nicht befasst habe. Ich hab's verdrängt, wie es so viele machen. Ich hab' die Augen zugemacht, ganz einfach.

Wodurch hat sich das geändert?

Das ist von ganz alleine gekommen. Dadurch dass ich in veganen Gruppen rumgestöbert habe und einige abonniert hatte, die diese Videos posten, habe ich sie mir dann auch angeguckt – und Rotz und Wasser geheult... wirklich! Egal ob über Milch-, Eier-, Fleisch- oder Pelzindustrie... Ich meine, einen Pelz hab' ich auch früher nie gehabt, aber ich hab' Lederschuhe getragen. Das ist etwas, was ich jetzt auch nicht wieder machen würde. Ich kann's nicht.

---

106 PETA (People for the Ethical Treatment of Animals = Menschen für die ethische Behandlung von Tieren) ist eine gemeinnützige Organisation, die sich für Tierrechte einsetzt. http://www.peta.de/

107 Sea Shepherd Conservation Society (SSCS) ist eine internationale Meeresschutzorganisation. Sie selbst beschreiben ihren Auftrag auf ihrer Webseite so: „Das primäre Mandat der Sea Shepherd Conservation Society ist das Durchsetzen von Gesetzen, die in der „Weltcharta für die Natur der Vereinten Nationen" (http://www.un.org/Depts/german/uebereinkommen/ar37007.pdf, Seite 2–3) beschrieben sind." Sea Shepherd ist vor allem durch die Kampagnen gegen Walfang im Südpolarmeer bekannt geworden, die von einem Fernsehteam begleitet wurden und unter dem Titel „Whale Wars" ausgestrahlt werden. https://www.sea-shepherd.de/

Was bedeutet es für dich, vegan zu leben? Also nicht nur vom Essen her, sondern insgesamt.

Ich tu was Tolles. Erstens tu ich mir natürlich was Gutes, das hab' ich ja gesundheitlich gemerkt. Und ich will einfach nicht mehr für Tierleid verantwortlich sein. Das, was ich verhindern kann, das möchte ich auch verhindern. Das tue ich durch die vegane Ernährung und den Übergang ins vegane Leben. Mich darf auch keiner einsperren oder mir ein Stück abhacken und braten. Nein, ich will das einfach nicht mehr.

Hat das vegane Leben für dich auch irgendwelche Nachteile?

Hmm... jein... Also ich muss sagen, mein Freundeskreis ist geblieben, aber Einzelne hatten anfangs Schwierigkeiten, vielleicht auch einfach die Befürchtung, dass unsere Freundschaft auseinander gehen könnte, weil wir in diesem Punkt unterschiedliche Einstellungen haben. Das hat sich aber inzwischen wieder entspannt und es hat sich nichts verändert. Ich hab' einen super Freundeskreis, der mir für jeden Geburtstag und für jede Feier ein extra veganes Essen bereitet – das soll mal einer in einem omnivoren Kreis sagen, wenn er wirklich vegan lebt. Das ist ganz, ganz toll! Also eigentlich keine Nachteile.

Was ist für dich das Tollste oder der Vorteil daran, vegan zu leben?

Das Tollste? Ich geh' bewusster durch die Welt, das muss ich ganz ehrlich sagen. Ich nehme auch mein ganzes Umfeld, meine Umwelt und alles viel bewusster wahr. Ich leb' draußen auf dem Land und ich guck' gerne nach draußen und ich bin gerne draußen, aber jetzt hat das noch einen ganz anderen Beigeschmack. Und ich bin wesentlich toleranter. Vorher war ich auch schon tolerant. Aber ich bin auch Fleischessern oder Allesessern gegenüber tolerant – was die ja nicht immer sind. Wenn man sagt, dass man vegan ist, wird man oft angegriffen und muss sich großkotzige Sprüche anhören. Nicht alle, aber viele müssen sich auch irgendwie rechtfertigen. Ich denke nur: Lass sie. Irgendwann kommen sie auch noch dahin, dass das, was sie tun, gar nicht so gesund und so schön ist.

Rose, wenn dir alle Menschen für eine Minute zuhören würden, was würdest du ihnen sagen? Hättest du eine Message an die Welt?

Ja. Nehmt euch wahr, respektiert euch. Das ist meine Message. Die Wahrnehmung füreinander ist nicht so da, wie ich mir das wünschen würde. Guckt mal ein bisschen auf euch und achtet auf euren Nebenmann. Respekt und Achtung vor jedem Lebewesen, das ist mein Wunsch.

Ein schönes Schlusswort. Vielen lieben Dank für das Interview, Rose!

Vielen lieben Dank!

All unseren Interviewpartnern und Interviewpartnerinnen ein ganz dickes Dankeschön!
Sie waren alle aufgeschlossen und haben uns sofort bei unserem Vorhaben unterstützt – obwohl die meisten uns vorher nicht kannten und wir keinen klangvollen Namen vorzuweisen hatten! Sie alle haben uns ihre kostbare – und bei manchen sehr rare – Zeit geschenkt und ihre Gedanken und Erfahrungen mit uns geteilt. Wir sind ihnen unendlich dankbar für diese Unterstützung und die tollen Gespräche!!

Vielen Dank auch an Jürgen „Hille" Hillebrand, der uns den Kontakt zu Mille von Kreator hergestellt hat. Das war klasse, Jürgen!

Ganz maßgeblich zum Buch beigetragen haben auch unsere Lektorin Silke und unsere Designerin Celine, die sich mit vollem Engagement in unser Projekt gestürzt haben und ohne die das Cover nicht so toll geworden wäre und sich noch jede Menge Fehler im Text rumtreiben würden! Darüber hinaus haben sie uns mit Ihrer Energie angesteckt in der letzten, mühsamen Korrekturphase und uns wieder neuen Schwung gegeben. Ganz herzlichen Dank euch beiden!

Beim Satz für den Druck hat uns Marek Firlej unterstützt. Auch Dir, Marek, vielen lieben Dank!

Ganz herzlichen Dank auch an all die Fotografinnen und Fotografen, die uns die tollen Bilder geliefert haben, obwohl die meisten von ihnen uns vorher auch nicht kannten.

Danke auch an Andy Robl, Angelika und Heike, die – noch vor dem Lektorat – das erste Manuskript durch die Mangel gedreht und uns wertvolle Rückmeldungen gegeben haben.

Ein ganz großer Dank geht auch an die Community der Digitalen Nomaden und an Feli und Marcus, die die Digitale Nomaden Konferenz DNX[108] organisieren!
Die Kreativität, die Energie und der Tatendrang auf der DNX und in den zugehörigen Facebook-Gruppen ist total ansteckend! Ohne euch hätte das Manuskript sicherlich noch eine Weile länger auf unserer Festplatte herumgelegen. Aber nicht nur das: Auf der DNX haben wir auch unsere Lektorin und unsere Designerin kennengelernt.

Danke auch an unsere Verwandten, Freunde und Bekannten, die uns online und offline unterstützt haben, mit uns zusammen den richtigen Titel aus all den Ideen herausgefischt haben und die uns immer wieder gefragt haben, wann das Buch denn nun erscheint. Ihr habt es uns erleichtert, bei der Stange zu bleiben!

Und natürlich wollen wir uns – last but not at all least – bei all unseren Leserinnen und Lesern bedanken! Wir hoffen, dass unser Buch Vergnügen bereitet und neue Einblicke in veganes Leben gegeben hat!

Rückmeldungen – sowohl positive als auch negative – sind uns jederzeit in unserem Postfach sehr willkommen! Sie helfen uns dabei, unser Buch in der nächsten Ausgabe noch besser zu machen!
Über unsere Webseite trotzdemvegan.de bzw. unsere E-Mail-Adresse kontakt@trotzdemvegan.de sind wir direkt zu erreichen.

Wir sind gespannt!

Herzliche Grüße!

Andrea + Christian

---

108 Digitale Nomaden Konferenz DNX http://www.dnx-berlin.de/

Über die Autorin und den Autor

Andrea ist Journalistin, Diplom-Biologin, Umweltpädagogin und Personalentwicklerin. Nach verschiedenen Positionen bei NGOs und Unternehmen arbeitet sie seit 2010 als freiberufliche Autorin, Journalistin und Fotografin. Seitdem sie vor vielen Jahren an der Universität an einem Seminar über empirische Sozialforschung teilgenommen hat, liebt sie es, Menschen zu interviewen. Ihre Leidenschaft ist es, Geschichten sichtbar zu machen, die noch nicht so bekannt sind – sei es in Form von Texten oder Fotografien.

Christian hat sich 2014 von „9 to 5" verabschiedet und arbeitet seither mit Andrea im Team. Davor hatte er als talentierter Quereinsteiger die IT erobert und zwanzig Jahre lang dort Karriere gemacht. Als Abteilungs- und Teamleiter an einer Universität und einem der weltweit größten Software-Unternehmen hat er viel mit anderen Menschen unterschiedlichster Nationalitäten gearbeitet und immer ein offenes Ohr für ihre Geschichten gehabt. Seine große Begabung liegt im Netzwerken und darin, anderen Menschen stets auf Augenhöhe zu begegnen. Die Kontakte zu den Interviewpartnern in „Trotzdem Vegan" sind fast alle ihm zu verdanken.

Die beiden sind seit über 17 Jahren miteinander verheiratet und leben im schönen Ratingen, in der Nähe von Düsseldorf und Essen. Auf Ihrem Blog http://weggedacht.de schreiben sie über nachhaltiges Handeln und Minimalismus.

Links und Literaturtipps

Hier gibt es noch einige Links, Literaturtipps und Infos, allgemein zum Thema und auch zu jedem Kapitel. Unsere Links und Infos erheben keinen Anspruch auf Vollständigkeit.

Vermischtes – Links und Literatur rund um das Thema „vegan"

Literatur:

- „Anständig essen" von Karen Duve, Goldmann Verlag (2012).
  Ein Erfahrungsbericht über biologisches, vegetarisches, veganes, frutarisches Essen und Leben. Liest sich wie ein Roman, mit Humor, Hintergrundinfos und vielen Denkanstößen.

- „Kein Fleisch macht glücklich" von Andreas Grabolle, Goldmann Verlag (2012).
  Ebenfalls ein Erfahrungsbericht mit vielen Hintergrundinfos. Der Autor selbst wurde im Prozess des Buch-Schreibens – und vor allem des Recherchierens – zum Veganer.

- „Ab heute vegan: So klappt dein Umstieg. Ein Wegweiser durch den veganen Alltag" von Patrick Bolk (Herausgeber), Ventil Verlag (2013 in der 2. Auflage erschienen).
  Ein wunderbarer Einstieg ins vegane Leben, mit Infos, Erfahrungsberichten, Rezepten.

- „Ich bin dann mal vegan" von Bettina Hennig, Fischer Taschenbuch (2014).
  Vier Wochen lang wollte Bettina Hennig das vegane Leben

ausprobieren. Im Buch beschreibt sie ihre Erfahrungen und wie aus den vier Wochen etwas viel Langfristigeres wurde.

Dokumentar-Filme:

- http://www.cowspiracy.com/: Ein Film über den Einfluss der Tierhaltung auf die Umwelt und was Umweltverbände dazu sagen – oder oft auch nicht sagen.

- http://www.nationearth.com/earthlings-1/: „Earthlings" ist ein Dokumentarfilm, der den Speziezismus betrachtet und unseren Umgang mit den anderen Bewohnern dieser Erde. Auf der verlinkten Seite ist der Film in verschiedenen Sprachen, auch in Deutsch.

Links:

- http://www.deutschlandistvegan.de/: Das vegane Online-Magazin.

- http://www.vegan-street-day.de/: Deutschlands größtes veganes Straßenfest. Findet in Dortmund und Stuttgart (Stand 2015) statt.

- http://www.veganes-sommerfest-berlin.de/: Das Vegane Sommerfest findet ein Mal jährlich in Berlin statt. 2013 waren ca. 20 000 Gäste dort.

- http://rohvolution.de/: Rohkostmesse, die jährlich in Berlin, Freiburg im Breisgau, Speyer und Mülheim an der Ruhr stattfindet

- http://veggieworld.de/: Messe rund um vegane Lebensmittel und Produkte

- http://www.vebu.de/: VEBU (Vegetarierbund Deutschland), nicht nur vegan, aber auch. Mit vielen interessanten Infos und Links

- http://albert-schweitzer-stiftung.de/: Die Albert Schweitzer Stiftung für unsere Mitwelt wurde im Jahr 2000 gegründet. Sie setzt sich für die Abschaffung der Massentierhaltung und die Verbreitung der veganen Lebensweise ein.

- http://der-artgenosse.de/: Videos mit sehr ruhigen und intelligenten Antworten bzw. Überlegungen zu verschiedensten Sprüchen, die vegan lebende Menschen immer wieder zu hören bekommen und lustige Comics zu eben diesen Sprüchen.
  Sehr empfehlenswert für Veganer und Veganerinnen als Argumentationshilfe und für Nicht-VeganerInnen, um zu wissen, welche Sprüche nicht originell sind, sondern total abgenudelt.

- http://istdasvegan.eu/: Intelligenter Blog mit vielen spannenden Artikeln rund um das Thema „vegan". Empfehlenswert für alle, die mehr lesen möchten, als nur Rezepte.

- „Warum Essen keine Privatsache mehr ist": Ein interessanter Artikel zum Thema Essen und Verantwortung. Der Artikel kann hier online gelesen werden: http://ifane.org/wp-content/uploads/2012/03/Keller_Warum_Essen_keine_Privatsache_mehr_ist_SäZ_25.02.11.pdf

- http://www.zeit.de/wirtschaft/2013-08/fleisch-konsum-ressourcen: Artikel in „Zeit Online", der die ökologischen Folgen des Fleischkonsums sehr anschaulich anhand von Wasser- und Landverbrauch sowie Kohlendioxid-Emission beleuchtet.

Links und Literatur zu den einzelnen Kapiteln

Vorwort und Konzept

Vorwort von Chris (Vegan Zombies) im Englischen Original:

„People oftentimes mock things they know little or nothing about. Why? Because it's easier to poke fun of something than to take the time to learn about it. In my experience, this is true for veganism as well. Throughout the years, I have been made fun of and even ridiculed for my vegan lifestyle. It's okay though, they had little to no knowledge on the subject or just wanted to pick a fight. A lot of people see vegans as weak, protein deficient hippies who eat only salads. They think that to be vegan they must give up everything that tastes good. Well, I'm here to tell you that that is just not true. There are literally endless combinations of delicious vegan recipes to choose from or create yourself. There is no lack of protein in fruits, vegetables, nuts and seeds. Some of the top athletes today thrive on a vegan diet. I myself, am in the best shape of my life physically and mentally while staying true to the vegan lifestyle for over two decades. I truly believe taking the step towards veganism is a no-brainer. The animals, your health and the environment will thank you for it."

Webseiten:

- https://de.wikipedia.org/wiki/Veganismus: Umfassender Artikel über Herkunft, Bedeutung, Philosophie etc. des Veganismus.

- https://www.vegansociety.com/sites/default/files/The%20Vegan%20Society%20Memorandum%20and%20Articles%20of%20Association%202014.pdf: Memorandum

der Vegan Society, Definition von „Veganismus" auf Seite 2, Punkt 3: „In this Memorandum the word „veganism" denotes a philosophy and way of living which seeks to exclude – as far as is possible and practical – all forms of exploitation of, and cruelty to, animals for food, clothing or any other purpose; and by extension, promotes the development and use of animal-free alternatives for the benefit of humans, animals and the environment.
In dietary terms it denotes the practice of dispensing with all products derived wholly or partly from animals."

Vegan = Verzicht und weniger Geschmack?

Literatur:

- „Das große Kochbuch der vegetarischen Köstlichkeiten" von Herta Gal.
  Die Gerichte sind – trotz des „vegetarisch" im Titel – alle vegan. Es ist ohne Fotos, aber mit guten und leicht nachkochbaren Rezepten.

- „The Lotus and the Artichoke" von Justin P. Moore ist eine Reihe beim Ventil Verlag, in der bisher 3 Bücher erschienen sind:
  „The Lotus and the Artichoke: Vegane Rezepte eines Weltreisenden" (erschienen 2013) „The Lotus and the Artichoke – Mexico!: Eine kulinarische Entdeckungsreise mit über 60 veganen Rezepten" (erschienen 2014)
  „The Lotus and the Artichoke – Sri Lanka!: Ein Kochbuch mit über 70 veganen Rezepten" (erschienen 2015)

- „Vegan für Faule" von Martin Kintrup, Gräfe und Unzer Verlag (2. Auflage von 2014)#Die Rezepte sind fast alle in weniger als 30 Minuten zuzubereiten und trotzdem lecker und abwechslungsreich. Es wird kaum mit Konserven, dafür aber öfter mit gefrorenen Zutaten gearbeitet, die das Leben erleichtern, wie beispielsweise Zwiebelwürfel. Die meisten Zutaten bekommt man in ganz normalen Geschäften und Drogeriemärkten, manchmal muss man das Reformhaus oder den Bioladen bemühen.

Webseiten:

- http://veganblackmetalchef.com/: vegane Rezepte als Black Metal Show präsentiert.

- http://theveganzombie.com/: Durch den Verzehr tierischer Produkte wurde der Zombie-Virus übertragen. Alleine die Veganer sind noch übrig. Immer auf der Flucht verbarrikadiert sich der Koch in Küchen. Kurze Filme mit leckeren veganen Rezepten in lustiger Aufmachung (nur in Englisch)

- http://albert-schweitzer-stiftung.de/aktuell/selbst-wenn-broschuren-bestellen: Die Selbst-Wenn-Broschüre wird von der Albert Schweitzer Stiftung für unsere Mitwelt herausgegeben. Sie enthält Informationen und erste Tipps für eine tierfreundlichere Ernährung.

- http://www.happy-cheeze.com/: Happy-Cheeze bereitet auf Grundlage von fermentierten Cashewkernen vegane Käsealternativen zu. Ihre Produkte sind in Bio-Qualität, entstehen mithilfe von Bakterienkulturen und reifen teilweise mehrere Monate lang.

- http://www.rawberryvegan.de/: Tolle Rezepte, viel Rohkost, aber auch Tipps zu nachhaltigem Leben. Die Betreiberin des Blogs, Sophia Bigus, bietet auch einen Kurs zur Ernährungs-

umstellung an:
http://berry-academy.teachable.com/courses/berry-academy
Auf ihrem YouTube-Channel finden sich ebenfalls viele
Informationen: https://www.youtube.com/c/rawberryvegan

- https://albert-schweitzer-stiftung.de/aktuell/newsletter/vtw-lf: Bei der "Vegan Taste Week" bekommt man Rezepte, um veganes Leben einmal auszuprobieren.

- www.vegaliferocks.de/: Hier gibt es Infos zum veganen Leben und auch regelmäßig eine sogenannte „30 Tage Vegan Challenge". Die Teilnehmenden erhalten Informationen zum einfachen Einstieg in veganes Leben und Unterstützung durch Live-Webinare oder persönliche Coachings. In einer zugehörigen Facebook-Gruppe können sie sich untereinander austauschen.

- http://fruityhabits.de/: Ein Blog um vegane, fettarme Rohkosternährung und Gesundheit.

- http://www.rawexotic.com/: Auch hier geht es um vegane Rohkost. Neben Rezepten ist auch "Rohvegan auf Reisen" ein Thema.

Ist Vegan eine Ideologie?

Literatur:

- „Warum wir Hunde lieben, Schweine essen und Kühe anziehen" von Dr. Melanie Joy und Hilal Sezgin, compassion media (2013 in der 5. Auflage erschienen)

- „Change of Heart: What Psychology Can Teach Us About Spreading Social Change" von Nick Cooney, Lantern Books (2010)

Webseiten:

- http://www.carnism.org/: „Beyond Carnism". Die Organisation hat es sich zur Aufgabe gemacht, über Karnismus aufzuklären und auf seine Abschaffung hinzuarbeiten.

- http://karnismus-erkennen.de/: Website des Projektes „Karnismus erkennen", das von „Beyond Carnism" und dem VEBU (Vegetarierbund Deutschland) gemeinsam gegründet wurde. Hier gibt es Deutschsprachige Informationen zum Thema Karnismus.

Brauchen starke Männer – und Frauen – Fleisch?

Literatur:

- „Eat & Run: Mein ungewöhnlicher Weg als veganer Ultramarathon-Läufer an die Weltspitze" von Scott Jurek und Steve Friedmann, Südwest Verlag 2014

- In diesen beiden Büchern erklärt Patrik Baboumian seine Ernährung und seine Trainings-Methoden:
„Funktionelles Krafttraining für Helden: Der natürlichste und effektivste Weg zu mehr Kraft und Muskelmasse", Unimedica (2015)
„Vegan ganz anders: Eine Anleitung zum groß und stark werden", Orgalahad Mulitmedia (2014)

- In diesen Büchern hat Brendan Brazier, Triathlet und Ironman aus Kanada, sein Training und seine Ernährung beschrieben:
„Vegan in Topform: Der vegane Ernährungsratgeber für Höchstleistungen in Sport und Alltag – Die Thrive-Diät des berühmten kanadischen Triathleten", Unimedica (4. Auflage von 2014)
„Vegan in Topform – Das Kochbuch: 200 pflanzliche Rezepte für optimale Leistung und Gesundheit" Unimedica (3. Auflage von 2014)
Brendan Brazier hat noch mehr Bücher zu diesem Thema veröffentlicht, diese beiden sind nur eine Auswahl.

Webseiten:

- http://www.laufengegenleiden.de/: Laufen gegen Leiden e. V. ist der erste vegane Laufsportverein Deutschlands. Das Ziel des Vereins ist es, durch sportliche Aktivitäten auf das unnötige Leid aufmerksam zu machen, das Umwelt, Tier und Mensch zugefügt wird.

- Listen mit veganen Sportlern und Sportlerinnen gibt es beispielsweise bei VEBU (Vegetarierbund Deutschland) und bei der Albert Schweitzer Stiftung für unsere Mitwelt:
https://vebu.de/themen/gesundheit/sportlerinnen/137-hoechstleistungen-durch-fleischlose-ernaehrung
http://albert-schweitzer-stiftung.de/aktuell/vegan-leistungssport

- http://rawveganpath.com/running-raw-around-australia/: Alan Murray and Janette Murray-Wakelin, haben 2013 in 366 Tagen mit 366 Marathons Australien umrundet. Sie waren zu der Zeit beide über 60 Jahre alt. Alan und Janette sind Rohkost-Veganer.

Funktioniert Vegan unterwegs?

Webseiten:

- http://veltenbummler.blogspot.de/: Blog über das Reisen als Veganerin.

- http://www.veganworldtrekker.com/: Englischsprachiger Blog über das Reisen als Veganerin

- https://vebu.de/publikationen/veggie-app: Android-Smartphone-App vom VEBU, die veggie-freundliche Restaurants in der Nähe ausfindig macht

- http://www.happycow.net/: Auch hier kann man vegan-freundliche und vegane Restaurants in der Umgebung finden

Ist Vegan teuer?

Webseiten:

- http://www.aib-stimme.de/2015/10/18/zwei-maenner-eine-idee/: Hier wird das Projekt zweier Brüder vorgestellt, die Obst und Gemüse anbauen und es verschenken. Ihr Ziel: Den Menschen zu zeigen wie einfach das geht und sie zum Mitmachen zu bewegen.

- Im Vegetarierforum gibt es drei Rezeptsammlungen mit günstigen veganen Rezepten:
  Rezepte unter 1 Euro:
  http://www.vegetarierforum.com/threads/4032-Vegane-Mahlzeiten-1-Euro
  Rezepte zwischen 1 und 2 Euro:

http://www.vegetarierforum.com/threads/4033-Vegane-Mahlzeiten-1-2-Euro
Rezepte zwischen 2 und 3 Euro:
http://www.vegetarierforum.com/threads/4034-Vegane-Mahlzeiten-2-3-Euro

Bücher und Webseiten zum Thema Veganismus und Gesundheit:

Zu diesem Thema haben wir bewusst kein Kapitel in das Buch aufgenommen, weil wir glauben, dass es dazu inzwischen viel Literatur und viele Quellen gibt. Ein paar unserer Quellen und ein paar weiterführende Links wollen wir hier trotzdem vorstellen. Natürlich ist diese Liste keineswegs vollständig oder unan-greifbar.

Literatur:

- „Vegetarische Ernährung" von Claus Leitzmann und Markus Keller, UTB GmbH, 3. aktualisierte und erweiterte Auflage vom Mai 2013
  Hier werden sehr tiefgehend alle Aspekte beleuchtet, inklusive kritischer Nährstoffe und Ernährung schwangerer und stillender Frauen sowie Babys und Kinder.

- „Essen gegen Herzinfarkt: Das revolutionäre Ernährungskonzept" (Trias Verlag, 1. Auflage 2014) von Caldwell Esselstyn, einem amerikanischen Chirurgen, erklärt, wie der Körper durch Ernährung krankhafte Ablagerungen in Gefäßen selbst zurückbildet. Seine Empfehlungen hat er in seiner langjährigen Arbeit mit seinen Patienten entwickelt.

- „Vegane Ernährung bei Säuglingen und Kindern" (Grin Verlag, 2013) von Lisa Rubner, Masterarbeit im Fachbereich „Biologie – Krankheiten, Gesundheit, Ernährung" zur Frage „Wie gesund ist eine vegane Ernährung?"

- „Plant Based Nutrition and Health" von Stephen Walsh, herausgegeben von der „Vegan Society" in England. Inzwischen nur noch antiquarisch erhältlich. Alternativ bietet die Vegan Society diese beiden Schriften an: „Becoming Vegan" von Brenda Davis und Vesanto Melina in einer Express-Version (mit 278 Seiten, https://www.vegansociety.com/shop/books/becoming-vegan-express-edition) und eine ausführliche Comprehensive-Version (532 Seiten, https://www.vegansociety.com/shop/books/becoming-vegan-comprehensive-edition).

- China Study: Pflanzenbasierte Ernährung und ihre wissenschaftliche Begründung" (Original-Auflage von 2004) von T. Colin Campbell und Thomas M. Campbell basiert auf einer groß angelegten Studie der renommierten Cornell Universität und der chinesischen Regierung im ländlichen China der 70er und 80er Jahre. T. Colin Campbell war Professor für Biochemie an dieser Universität. Er leitete die Studie. Im Buch untersucht er die Daten dieser und einiger anderer Studien hinsichtlich des Zusammenhangs zwischen verschiedenen Erkrankungen wie beispielsweise Krebs, Diabetes, Herz-Kreislauf-Erkrankungen und dem Verzehr tierischer Lebensmittel.

Webseiten:

- http://www.vegane-familien.de/: Informationen und bei Bedarf persönliche Beratung zu allen Themen rund um vegane Ernährung mit Kindern, inclusive Schwangerschaft und Stillzeit. Carmen Hercegfi, die Betreiberin dieser Website, ist selbst vegane Mutter und Ganzheitliche Ernährungsberaterin. Ihre Beratungen gibt es auch ortsunabhängig via Skype oder Telefon.

- https://youtu.be/Nd2svo4qysk: Bill Clinton ernährt sich – fast – vegan. In diesem Video sprechen er und seine Ärzte über die Gründe dafür und die gesundheitlichen Auswirkungen (englischsprachiges Video mit deutschen Untertiteln).

- http://www.eatright.org/: Website der Amerikanischen Vereinigung „Academy of Nutrition and Dietetics" (Akademie für Ernährung und Diätlehre, früher „American Dietetic Association" (ADA)), der weltgrößten Vereinigung von Fachleuten aus dem Ernährungsbereich. In ihrem Positionspapier „Vegetarian Diets" von 2009 schreiben sie, dass sowohl eine vegetarische als auch eine vegane gut geplante Ernährung für alle Lebensphasen des Menschen geeignet sei, inklusive Schwangerschaft, Stillzeit und Kindheit.
Zitat: „Well-planned vegan, lacto-vegetarian, and lacto-ovo-vegetarian diets are appropriate for all stages of the life cycle, including pregnancy and lactation. Appropriately planned vegan, lacto-vegetarian, and lacto-ovo-vegetarian diets satisfy nutrient needs of infants, children, and adolescents and promote normal growth"
(Quelle: Journal of the American Dietetic Association, July 2009, Seite 1269, rechte Spalte Mitte, als PDF-Datei hier herunterladbar:
https://www.vrg.org/nutrition/2009_ADA_position_paper.pdf)

Impressum

"Trotzdem Vegan", 1. Auflage als Print-Buch, Juni 2016, 1. Auflage als E-Book im Dezember 2015
Verlag: tredition GmbH, Hamburg
ISBN Paperback: 978-3-7345-3337-2
ISBN Hardcover: 978-3-7345-3338-9

Dieses Werk ist urheberrechtlich geschützt. Alle Rechte vorbehalten. Für jede Vervielfältigung, auch auszugsweise oder jede andere Verwertung ist die schriftliche Genehmigung der Autoren erforderlich.

Autoren: Andrea Ballhause und Christian Voecks, Bahnstraße 34, D-40878 Ratingen, kontakt@trotzdemvegan.de

Lektorat: Silke Jankowski, http://minimalisch.de/
Satz: Marek Firlej, http://www.anstiftungzumwort.de
Umschlaggestaltung: Celine Winkel, http://celinewinkel.com

Fotografien im Buch:
- Foto von Björn Moschinski: Copyright Andrea Ballhause
- Foto von Lars Hoßmann: Copyright Lars Hoßmann
- Foto von Mahi Klosterhalfen: Copyright Lisa Timmermann
- Foto von Dr. Melanie Joy: Copyright Bert Willer, birdyfoto.de
- Foto von Sebastian Joy: Copyright Vegetarierbund Deutschland e.V./ Kai Horstmann
- Foto von Patrik Baboumian: Copyright Deftigman Obscura, http://www.deftigmanobscura.com/
- Foto von Mark Hofmann: Copyright Katharina Hofmann Fotografie
- Foto von Angela Gossow: Copyright Christian Voecks
- Foto von Heino Nölke: Copyright by starcontinuum.net / Rafael Cantero Alonso de Medina
- Foto von Mille Petrozza: Copyright Nuclear Blast/Natalia Stupnikova
- Foto von Justin P. Moore: Copyright Ashley Ludaescher Photography, http://ashleyludaescher.com/de
- Foto von Anna: Copyright Christian Voecks
- Foto von Rose: Copyright privat

Die Fotos haben wir für das Buch – mit Einverständnis der Fotografen und Fotografinnen – in schwarz-weiß umgewandelt, beschnitten und komprimiert, damit sie vom Format und vom Datenvolumen her in das Buch passen. Die Qualität der Originalfotos ist daher besser, als die Qualität der Fotos im Buch.

Im Buch verwendete Titel oder Bezeichnungen, die einem markenrechtlichen oder urheberrechtlichen Schutz unterliegen, wurden nur zu informatorischen Zwecken genannt.

Disclaimer

Die Aussagen unserer Interviewpartner und Interviewpartnerinnen geben deren eigene Meinungen wieder und entsprechen nicht notwendigerweise einer allgemein anerkannten und/oder objektiven Wahrheit oder den Meinungen und Überzeugungen der Autoren. Für die meisten Aussagen über bestimmte Sachverhalte finden sich Quellennachweise in den Fußnoten.
Das Buch mit all seinen Inhalten wurde sehr sorgfältig erstellt. Dennoch können die Autoren keine Gewähr für die Richtigkeit, Vollständigkeit und Aktualität der Informationen übernehmen.
Die Umsetzung von Informationen und Beispielen aus diesem Buch erfolgt ausdrücklich auf eigenes Risiko. Für etwaige immaterielle oder materielle Schäden jeglicher Art, die sich ergeben aufgrund von Informationen aus diesem Buch oder dem Besuch von Webseiten, die in diesem Buch aufgeführt sind und/oder der Informationen auf diesen Webseiten, können die Autoren keine Haftung übernehmen und sämtliche Haftungsansprüche sind somit ausgeschlossen.
Für die Inhalte der Internetseiten, die in diesem Buch mit URL aufgeführt sind, sind ausschließlich die jeweiligen Anbieter oder Betreiber dieser Internetseiten verantwortlich. Die Autoren haben keinerlei Einfluss auf die Gestaltung und Inhalte dieser fremden Internetseiten und können für die Inhalte der verlinkten Seiten daher auch keine Gewähr übernehmen. Die Autoren haben die Internetseiten geprüft als sie die Links in ihr Buch aufnahmen und konnten zu diesem Zeitpunkt keine rechtswidrigen Inhalte auf den verlinkten Seiten erkennen. Die angegebenen Seiten – ohne konkrete Anhaltspunkte für Rechtsverstöße – permanent zu kontrollieren, ist allerdings unzumutbar und kann daher nicht geleistet werden. Falls gesetzeswidriger Inhalt auf den angegebenen Internetseiten den Autoren bekannt wird, werden die entsprechenden Verweise umgehend aus dem Manuskript entfernt und in keinem weiteren Buch mehr gedruckt.